Ella TheBee

Organisella

Du schaffst das!

Ella The Bee ♡

Bibliografische Informationen Der Deutschen Bibliothek

Die Deutsche Bibliothek verzeichnet diese Publikation in der Deutschen Nationalbibliografie; detaillierte bibliografische Daten sind im Internet über http://dnb.d-nb.de abrufbar

1. Auflage
© Niebank-Rusch-Verlag, Bremen, 2015
www.nr-verlag.de

Bildmaterial:
Coverfoto: Markus Kretzschmar, Berlin
S. 21, iStock.com/Soubrette; S. 65, iStock.com/Persians; S. 101, iStock.com/pkline
Alle übrigen Fotos: Ella TheBee, Berlin

Umschlaggestaltung und Satz:
Kay Niebank, Bremen

Druck:
KDD Kompetenzzentrum Digital-Druck GmbH, Nürnberg
Printed in Germany

ISBN: 978-3-939564-52-2

Ella TheBee

Organisella

Durchs Studium
mit Zeitmanagement
und Organisation

niebank-rusch-Fachverlag

Ihr Lieben 1000 Vorbesteller

Wenn ihr dieses Buch in den Händen haltet und speziell diese Seite lest, gehört ihr zu den ersten 1000 Menschen, die Organisella vorbestellt haben.

Nur, damit euch das klar ist, nicht eine Zeile in diesem Buch wäre ohne eure Unterstützung entstanden. Die letzten Monate waren nicht immer leicht. Organisella ist mein erstes Buch, und um ehrlich zu sein, wusste ich nicht, worauf ich mich eingelassen habe. Schreiben ist wundervoll. Es füllt mich aus, macht unheimlichen Spaß und auch die Ideen zu diesem Buch sind nur so gesprudelt. Trotzdem war es ein hartes Stück Arbeit. In der ganzen Zeit wart ihr immer für mich da und hattet Verständnis, wenn ich Zeit fürs Schreiben oder auch mal für mich brauchte. Es ist absolut nicht selbstverständlich, dass man so ein tolle liebevolle Community hat, die einen auffängt und ermutigt, wenn es mal schwierig ist, und ich weiß das jeden Tag zu schätzen. Tausend Dank, ihr Lieben.

Ich bin überglücklich, dass es nun wirklich geschafft ist und wir alle dieses Buch in den Händen halten, was ich vor einem Jahr nur im Kopf hatte. Ein bisschen ist es auch wieder der Beweis dafür, dass man Dinge erst wirklich im Kopf zulassen muss, damit sie entstehen können. Siehste Vergangenheitsella, wir haben es doch hingekriegt!

Ich hoffe so sehr, dass es euch durch diese aufregende, manchmal gruselige und besondere Zeit des Studiums begleitet und immer einen Rat in schwierigen Zeiten für euch hat. Und vielleicht verschwindet es danach in eurem Bücherregal und ihr findet es in ein paar Jahren wieder, wenn niemand mehr weiß, was dieses Youtube und wer zum Henker diese seltsame Ella ist.

Inhalt

Kleine Geheimtipps zum Buch

Dieses Buch ist kein normales Buch, denn damit ihr es richtig benutzen könnt, habe ich es neben den vielen Informationen Anregungen und Inspirationen mit Besonderheiten ausgestattet. Für die unter euch, die direkt beim Niebank-Rusch-Verlag bestellt haben, ist ein Beilagenheft im Buch voll mit Checklisten, To-Do Listen und Plänen, die ihr ausfüllen und benutzen könnt. Damit aber die anderen nicht zu kurz kommen, gibt es auf der Website zum Buch www.organisella.de alles auch noch mal zum Download (neben vielen weiteren Tipps, die es vielleicht noch nicht ins Buch geschafft haben). Wenn die Listen alle ausgefüllt sind oder ihr euch blöd verschrieben habt … psst … vielleicht gehört ihr ja auch zu den Menschen, bei denen immer alles schön aussehen muss, damit ihr Lust habt, Dinge zu benutzen, könnt ihr sie immer wieder ausdrucken. Verschrieben? Alles ausgefüllt? Kein Problem: runterladen, ausdrucken, nochmal versuchen. So oft ihr wollt!

Viele von euch werden wissen, dass ich auch den Youtubekanal EllaTheBee führe, auf dem ich mich regelmäßig auch mit den Themen Organisation und Zeitmanagement beschäftige. Ihr findet dort dazu unheimlich viele Videos. Ich habe immer dann, wenn ein Video gut zu einem Kapitel gepasst hat, einen Hinweis an der Seite für euch. Wer dann Lust hat, sich das Video anzusehen, kann einfach per QR Code und seinem Smartphone oder per Link das Video finden. Natürlich ist alles auch vollkommen ohne Videos zu verstehen, aber manchmal hilft es, Dinge nochmal anders erklärt oder mal an einem konkreten Beispiel gezeigt zu bekommen, um sie wirklich in den Kopf zu kriegen, und manchmal habe ich auch ganz neue Anregungen für euch.

Und jetzt lasst euch nicht weiter aufhalten. Fröhliches Planen wünsche ich.

Vorwort

Ich habe Abitur gemacht, weil das das Richtige zu sein schien und – unter uns – weil ich nicht wusste, was ich sonst machen soll. Meine Schulzeit war durchzogen von motivierten und weniger motivierten Zeiten, in denen ich mal eine gute und mal eine durchschnittliche Schülerin war. Neben mir saß in der Schule immer mein Freund das Gefühl, dass ich eigentlich nicht klug genug und immer zu langsam für alles bin. Das konnte ich überwiegend ganz gut verstecken. Ich hab zwar ohne Plan, aber so viel ich konnte gelernt und etwas für die Schule getan. Erkenntnis an dieser Stelle: Ich bin nicht die Klügste oder Gebildetste, aber ich kann das mit Fleiß und Ehrgeiz wettmachen.

Das Vorwort als Mini-Hörbuch gibt es hier: organisella.de/vorwort

Nach dem Abitur hab ich studiert. Einfach weil man eben studiert und auch wieder weil ich nichts Anderes mit mir anzufangen wusste. Ich mochte das Lernen und liebe es bis heute mich weiterzuentwickeln. Da schien das Studium eine gute Idee. Gottseidank hab ich mit Germanistik ein Studium gefunden, dass mir bis zum letzten Tag genug Zukunftsfreiraum gegeben hat, wenn auch begleitet vom Arschloch Zukunftsangst. Schon im ersten Semester begegnete ich auch dort wieder meinem Freund Du-bist-zu-blöd, als sich neben mir ein Mädchen mit den Worten meldete: „Um Nietzsche zu zitieren …". Mental Note: Alle Werke von Nietzsche lesen, jede mögliche Sekundärliteratur zu Nietzsche lesen, eine Liste mit allen bekannten, wichtigen Autoren machen und bei denen das Gleich tun. Deadline: Übermorgen. Wie erfolgreich das war, könnt Ihr Euch sicher vorstellen. Als waschechtem Adrenalinjunkie war mir das noch nicht Druck genug, also hab ich nach einem Jahr auch noch die Uni gewechselt. Die neue Universität fand mich nicht so super und hat mir den Großteil meiner Kurse aus der alten nicht anerkannt. Der freundliche Studienberater hatte nach dem schlechtesten Tag seines Lebens dann die motivierenden Worte für mich, die in die Geschichte oder auch nur meinen Kopf eingingen: „Das werden sie nicht mehr in Regelstudienzeit schaffen." Und an dieser Stelle danke ich dem Bock, den mir meine Mama vererbt hat, denn genau der kam in mir hoch und forcierte den Gedanken: „Das werden wir ja sehen!"

Ich habe mir einen straffen Stundenplan gebastelt, sieben statt drei Module im Semester gemacht und meinen Bachelor in Regelstudienzeit erfolgreich abgeschlossen. Ha! Nimm das, frustrierter Mann. Das hab ich nicht geschafft, weil ich so hochintelligent bin oder so reich, dass ich die richtigen Menschen bestechen konnte, sondern weil ich bockfleißig war, jede Minute gut genutzt hab und mit verschiedenen Kleinigkeiten vielleicht effektiver war als manch kluger Kopf. Fleiß ist zwar bis heute etwas, was mir persönlich immer wieder Türen öffnet, die ich für zugemauert gehalten hab, aber ohne Plan ist das nur für eine kurze Zeit etwas, das glücklich macht. Mit der Zeit hab ich mir verschiedene Dinge an- und abgewöhnt, was mir nicht nur geholfen hat mein absurdes Pensum zu schaffen, sondern auch meine Zeit effektiv zu nutzen, um so nicht nur Erfolg sondern auch Zeit fürs Leben und für mich rauszuschlagen.

Ich hab mir selbst bewiesen, dass man kein Genie sein muss, um erfolgreich zu sein, sondern dass man motiviert, mutig und mit einem Schlachtplan auf ein Ziel lossteuern muss, um es zu erreichen.

Dieses Buch ist keine vollständige Bauanleitung (als ob die jemals vollständig wären) für den perfekten Studenten, sondern eine Art Ersatzteilkoffer, der beim Verbessern und Verstehen hilft. Warum macht man manchmal seltsame Dinge, von denen man eigentlich weiß, dass sie einem am Ende noch mehr Stress machen? Was kann man tun, um nicht „nur" zu lernen, sondern auch ein glücklicher junger Mensch sein zu können, der Zeit zum Erleben und Entspannen hat. Studium ist nicht nur die Zeit des Bildens, sondern auch die Zeit der tollen Erinnerungen, die für den Rest des Lebens glücklich machen. Eine Zeit, in der man sich Überwinden muss, in der man viele Gedanken über den Haufen wirft, in der man neue Menschen kennenlernt und sich weiterentwickelt. Wenn man aber für all diese schönen Dinge keine Zeit hat, weil man sich zu viel Druck macht, ist das nur die halbe Studentenerfahrung. Es geht nicht um die reine Selbstoptimierung oder darum so viel wie möglich aus sich rauszupressen, sondern um das effektive Nutzen seiner Zeit, damit trotz eines vielleicht hohen Arbeitspensums, genug Zeit fürs Seele baumeln lassen, Lachen, mit nackten Füßen im Gras tanzen, Balancieren und Leben bleibt.

Ich widme es allen Menschen, die nicht daran glauben, dass sie ihre Ziele erreichen können, die an sich zweifeln und unsicher sind. Solange Ihr kämpft, nicht stehen bleibt und wisst wie, wird Euch alles gelingen. Ich möchte mit Euch teilen, was mir geholfen hat und Euch meinen kleinen Koffer mit Tipps und Tricks überreichen, damit Ihr erreichen könnt, was immer Ihr wollt. Ich habe inzwischen gelernt, mir zu vertrauen und an mich zu glauben und ich glaube ganz fest an Euch.

Auf geht's ins Abenteuer Organisation und Zeitmanagement!

Du bist zu blöd!

Antworten auf
Nietzscheeinschüchterungsmomente*

☐ Du mich auch!
☐ Aber fleißig und ehrgeizig
☐ Das werden wir ja sehen
☐ Aber ich habe „Organisella"
☐ Nimm das, frustrierter Mann!
☐ Mag sein, aber ich kann mit nackten Füßen durch das Gras tanzen, unter dem du schon liegst.
☐ . . . .

* Alle Antworten sind richtig

Vorbereitung und Leben

Das Studium ist eine Zeit voller Veränderungen und Umbrüche, die natürlich spannend und aufregend sind, die einem aber auch verdammt Angst machen können. Einige von uns haben Flügel und schweben ohne Probleme in den neuen Lebensabschnitt. Andere scheinen Federn verloren zu haben und segeln wie betrunkene Möwen von einer Rettungsinsel zur anderen. Ich war eher die Möwe auf Speed. Ich wusste nicht, in welche Richtung ich fliegen will und hatte trotzdem ein unheimliches Tempo drauf. Versucht euch keine Angst machen zu lassen. Man hört ja immer wieder, dass das Studium die Zeit des Lernens ist – und das stimmt. Aber nicht nur die Zeit des Lernens über Algebra oder chinesische Dynastien, Kant oder Sprachwissenschaft, Brecht oder PN-Übergänge, sondern auch Dinge über sich selbst: Was sind meine Schwächen und Stärken und wie kann ich meine Schwächen zu meinen Stärken machen? Eine meiner größten Schwächen ist mein Siebgedächtnis, weshalb ich Lösungen finden musste, wie ich trotzdem im Studium gut zurechtkomme. Das Ergebnis ist, dass ich einigen von euch Siebgedächtnisgeschwistern jetzt mit meinen Tipps helfen kann. Also lasst euch einfach mal auf das Abenteuer Studium ein und macht das Beste draus. Egal, welche Spitznamen ihr in der Schule hattet, egal wie ihr wahrgenommen wurdet, im Studium könnt ihr von vorne anfangen. Wenn ihr in der Schulzeit eher faul und einzelgängerisch wart, könnt ihr im Studium die größte Fleißmeise sein – mit einem riesigen Schwarm an Freunden hinter euch. Es ist eure Entscheidung.

Was sind meine Schwächen und Stärken und wie kann ich meine Schwächen zu meinen Stärken machen?

September / Oktober 40 .

29   Mon

→ Zieht zufällig
jemand von euch
demnächst um?
Dann findet ihr
im Ahang des
Buches und auf
der Webseite eine
Umzugscheckliste,
damit ihr nichts
vergesst.

30   Dienst

1   Mittwo

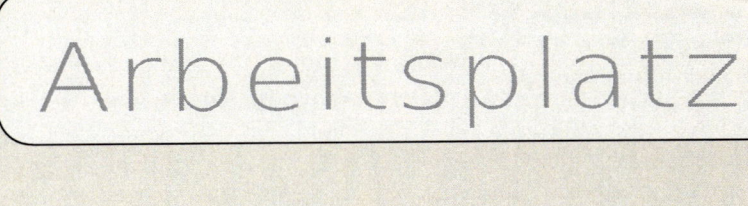

Die erste große Veränderung ist für viele der Auszug aus dem Nest der Eltern. Ganz egal, ob ihr ins Studentenwohnheim, eine WG oder eine eigene kleine Wohnung zieht, ist es wichtig, dass ihr euch einen Rückzugsort schafft, der sich wie ein Zuhause anfühlt. Das bedeutet nicht nur, dass ihr die allerneusten Büchergräber aus dem schwedischen Möbelhaus besitzt, die perfekt dekoriert sind, sondern vor allem, dass ihr euch gern dort aufhaltet, es gemütlich und leicht ordentlich zu halten ist. Gerade Ordnung wird gern unterschätzt, aber wer viel zu tun und Chaos im Kopf hat, kann nicht auch noch Chaos um sich herum haben. Wer schon mal versucht hat, sich in einem chaotischen Zimmer zu konzentrieren, wird gemerkt haben, dass das gar nicht so leicht ist. Überall sind Ablenkungen und man fühlt sich unsortiert. Wenn ihr euer neues Reich bezieht, versucht vorher auszumisten. Studentenzimmer sind in der Regel eher klein und man muss sich gut überlegen, wie man sie füllen will. Befreit euch zuerst mal von altem Ballast: die Kuscheltiere, die sowieso seit fünf Jahren unterm Bett versauern, die alten Lippenstifte, die ihr eigentlich nicht mehr benutzen wollt, die Socken mit Loch, die ihr sowieso nie stopfen werdet. Nehmt wirklich nur mit, was ihr regelmäßig benutzt und was euch glücklich macht. Ausmisten kann befreien und einem das richtige Gefühl für den neuen Start geben. Was es alles im neuen Zimmer bzw. in der neuen Wohnung geben soll, ist natürlich davon abhängig, was euch wichtig ist.

Das einzige, was meiner Meinung nach in keinem Studentenzimmer fehlen darf, ist ein Arbeitsplatz. Einige werden jetzt beim Lesen mit dem Kopf schütteln und sich fra-

Psst, kleiner Tipp: Alte Möbel kann man mit Klebefolie aus dem Baumark ganz leicht und günstig wieder wunderschön aussehen lassen.

Wer Anregung braucht, wie man aus einem einfachen Schreibtisch einen organisierten und stylischen Arbeitsplatz macht, findet hinter diesem Link ein Video dazu.

gen, warum ich so etwas Offensichtliches überhaupt erwähne. Ich kannte Studenten, die ihr Bett zum Arbeitsplatz erkoren und sich dann nach einem halben Semester gewundert haben, woher die Rückschmerzen und Schlafprobleme kommen. Ein fester Arbeitsplatz ist essenziell, nicht nur damit alle Unterlagen einen festen Platz haben, sondern auch die Gedanken an Noten, Kurse, Scheine und Dozenten. Euer Arbeitsplatz ist der Ort, an dem ihr während des Studiums die meiste Zeit verbringt, und es ist wichtig, dass er genug Platz bietet und euch gefällt. Wenn man einen alten hässlichen Tisch vor sich hat, der zu klein ist und in einer dunklen Ecke steht, hat man wenig Lust, sich dran zu setzen und etwas für die Uni zu tun. Ein großer Schreibtisch vor einem hellen Fenster mit einem bequemen Stuhl davor macht die Arbeit um einiges leichter. Wenn ihr einen Schreibtisch besitzt, der euch gefällt und an dem ihr gern sitzt, nehmt ihn mit ins neue Reich. Es muss nicht immer was Neues sein. Wenn ihr aber in der Schulzeit schon Probleme mit eurem Klappertisch hattet, wird es Zeit für Veränderung.

Ein unorganisierter, hässlicher Arbeitsplatz sorgt für verlorene Zeit, Verspätungen, Stress und Frust. Damit euch das nicht passiert und plötzlich Fred das Chaos auf eurem Tisch sitzt, hab ich hier ein paar Tipps für euch, was ihr braucht für einen Arbeitsplatz, der euch unterstützt und nicht zusätzlich Stress aufbaut, und wie ihr ohne viel Aufwand alles schön und sauber halten könnt.

Licht

Achtung, ich öffne jetzt die Büchse der Geheimnisse. Ihr braucht Licht zum Arbeiten. Wow, was für eine Erkenntnis! Fürs Arbeiten und für das Wohlbefinden ist natürliches Licht am besten. Also ist es keine schlechte Idee, den Schreibtisch in der Nähe eines Fensters zu platzieren. Für die dunklere Jahreszeit oder auch lange Abende ist es angenehmer, eine kleine Lampe auf dem Tisch zu haben statt einem grellen Deckenlicht. Schließlich wollen wir uns nicht wie bei einem Verhör, sondern wie ein entspannter Student in Schlabberhose fühlen, der produktiv, aber nicht gestresst ist.

Ein guter Stuhl

Der Stuhl ist neben dem Stauraum das wichtigste Accessoire für einen schönen Arbeitsplatz. Er sollte bequem sein und euch dabei helfen, eine gute Haltung zu haben, denn sonst sind Rückenschmerzen vorprogrammiert. Ich hab innerhalb des Semesters immer mal gewechselt zwischen meinem Schreibtischstuhl und einem Gymnastikball. Das war genau richtig für mich, denn manchmal will man beim Arbeiten ein bisschen im Stuhl versinken und manchmal ist es angenehm, auf dem Ball herumzuturnen. Wieder eine Sache, die ihr einfach ausprobieren müsst.

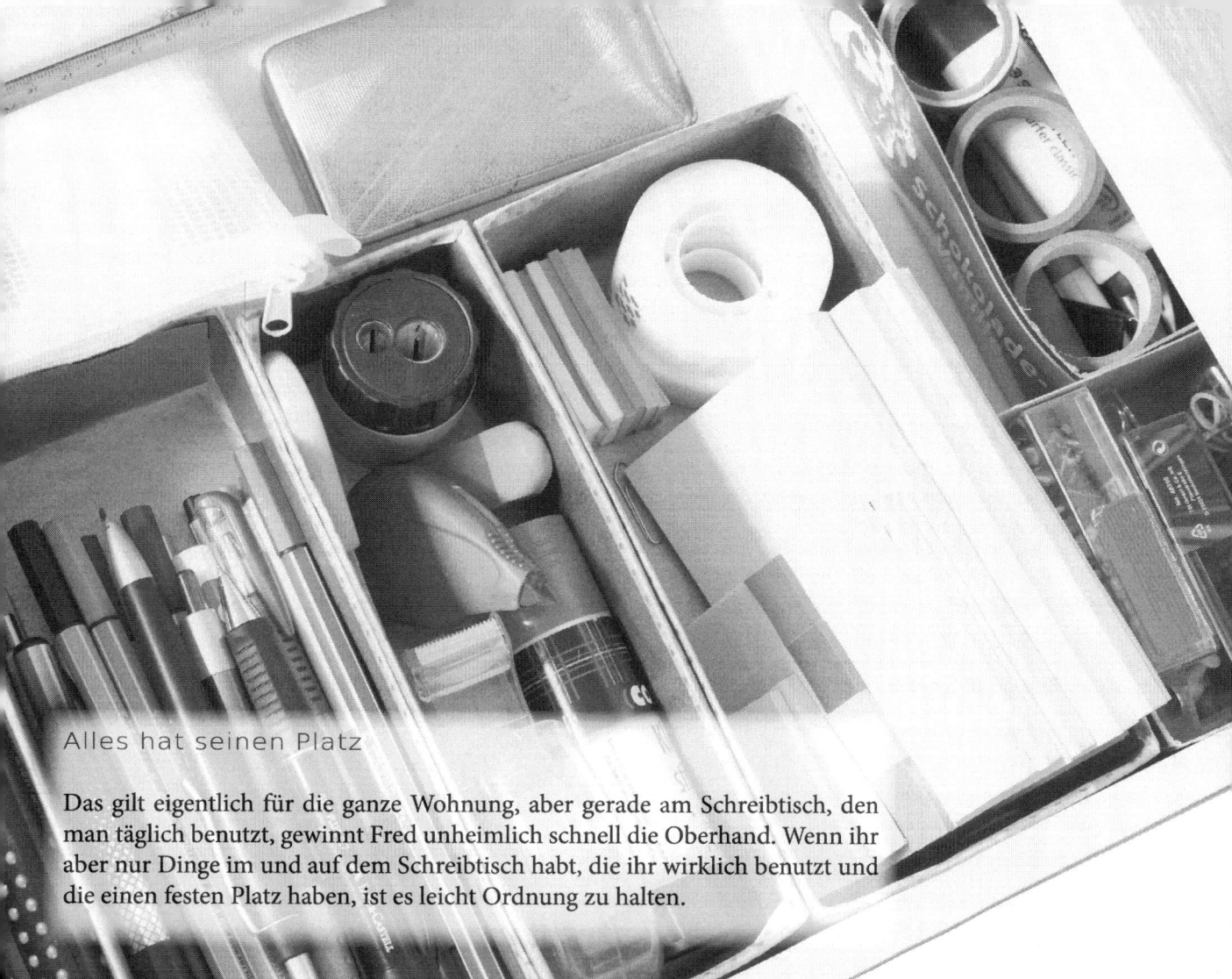

Alles hat seinen Platz

Das gilt eigentlich für die ganze Wohnung, aber gerade am Schreibtisch, den man täglich benutzt, gewinnt Fred unheimlich schnell die Oberhand. Wenn ihr aber nur Dinge im und auf dem Schreibtisch habt, die ihr wirklich benutzt und die einen festen Platz haben, ist es leicht Ordnung zu halten.

Regelmäßig aufräumen

Wartet nicht auf die Skulpturen aus Papierbergen, alten Kaffeetassen, Stiften, Tellern und Ordnern, sondern nehmt euch regelmäßig die Zeit, alles an seinen Platz zu räumen. Für viele funktioniert es sehr gut, einmal in der Woche für zehn Minuten alles aufzuräumen, das Geschirr in die Küche zu bringen, Tastatur, Monitor und Tisch abzuwischen, liegen gebliebene Zettel einzuheften und die Bücher ins Regal zu räumen. Ich veranstalte allerdings über den Tag grundsätzlich ein kleines Fred auf dem Schreibtisch und hab mir angewöhnt, einfach jeden Abend vor dem Schlafengehen alles wegzuräumen und für den nächsten Tag schön zu machen. Das kostet mich nur wenige Minuten und wenn ich mich morgens an die Arbeit machen muss, komme ich an einen sauberen, einladenden Arbeitsplatz. Probiert vielleicht beides mal aus, um rauszukriegen, was für euch funktioniert.

Stauraum schaffen

Nicht jeder Schreibtisch hat Schubladen oder genug Stauraum, aber den braucht man dringend, um all die Stifte, Klebezettel und Schokoriegel unterbringen zu können. Das bedeutet aber nicht, dass ihr einen ganz neuen Tisch kaufen müsst. Wenn euch viel Platz fehlt, könnt ihr euch den einfach mit einem Schubladenelement schaffen und wenn nur noch Kleinigkeiten untergebracht werden müssen, kann auch eine kleine Schubladenbox auf dem Tisch helfen. Denkt dran, dass ihr auch Platz für euren Drucker, Bücher, Uniordner etc. braucht, denn irgendwo wollen die auch wohnen und man sollte sich immer gut mit ihnen stellen. Ein wütender Drucker kann einem das Leben schwer machen. Ich persönlich finde es angenehmer, diese Dinge nicht alle in und auf meinem Schreibtisch zu haben, sondern, wenn Platz ist, sie in ein Bücherregal auszulagern. Ein voller Schreibtisch ist selten ein guter Ort für Einsteingedanken. Je aufgeräumter und sortierter alles ist, umso angenehmer ist es, sich dort zu konzentrieren. Egal wofür ihr euch entscheidet, achtet darauf, dass euch die Lösung gefällt und ihr sie gern anguckt und benutzt.

Kabel

Einige Menschen stören Kabel überhaupt nicht. Ich kriege Lust, sie mit der Schere zu attackieren, wenn sie irgendwo sichtbar rumliegen. Für mich zerstören sie jedes Gefühl von Gemütlichkeit. Wenn euch das auch so geht, versteckt sie. Befestigt sie an der Schreibtischrückwand, besorgt euch einen Kabeltunnel oder legt Harry Potters Tarnumhang darüber. Hauptsache sie sind verschwunden. Meine sind in einer Steckerleiste mit Heißkleber von unten an der Tischplatte befestigt. Damit ich nicht vergesse, welcher Stecker wohin gehört und ich nicht aus Versehen das W-Lan rausziehe, während eine Mail mit großem Anhang verschickt wird, habe ich mir kleine Schilder daran befestigt.

Arbeitsplatztipps auf einen Blick

- Für ausreichend Licht sorgen, das weder blendet noch ungünstige Schatten wirft.
- Der Stuhl sollte bequem sein und zu einer guten Haltung verhelfen.
- Alles, was zum Arbeiten benötigt wird, hat seinen Platz auf dem Schreibtisch und darin.
- Regelmäßiges Aufräumen (am Abend, vor dem Wochenende) sorgt für einen einladenden Arbeitsplatz.
- Stauraum schaffen: Für alles, was regelmäßig gebraucht wird, aber nicht ständig auf dem Schreitisch liegen soll.
- Kabel verstecken, tarnen, befestigen.
- Pflanzen sorgen für eine angenehme Atmosphäre und verringern Stress.
- Motivation: Dinge in Sichtweite des Arbeitsplatzes, die ermuntern und (wieder) aufbauen.

Pflanzen

Blumen, Topfpflanzen und Co. sind nicht nur schön anzusehen. Sie reduzieren meiner Erfahrung nach Stress und sorgen für gute Luft. Ein kleiner Topf mit Grünzeug ist überall schnell platziert, macht den Schreibtisch wohnlicher und einfach gute Laune. Wenn ihr keinen grünen Daumen habt, helfen auch Schnittblumen, Kunstpflanzen oder Kakteen. Von denen hab ich allerdings nach mehreren heimtückischen Anschlägen ihrerseits wieder Abstand genommen.

Motivation

Achtung, hier kommt wieder der Hippie in mir durch. Für mich war es gerade während des Studiums unheimlich wichtig, mich regelmäßig daran zu erinnern, warum ich all das eigentlich mache. Also hab ich mir eine Motivationscollage gebastelt, die voll war mit Bilder von Dingen, die ich erreichen möchte, aber auch einfach Bilder, die eine Stimmung vermittelten, die mir gefiel. Natürlich muss es nicht immer gleich eine Collage sein. Ihr könnt auch nur ein für euch besonderes Bild in einem schönen Bilderrahmen auf den Schreibtisch stellen. Das hilft gerade an Tagen, an denen man alles hinwerfen will ... ja, solche Tage hat jeder im Studium. Es ist wichtig, sich an das Warum zu erinnern. Ihr lernt und arbeitet, weil ihr den einen Job wollt oder das eine Lebenskonzept. Vielleicht, weil ihr finanziell abgesichert sein oder einfach euren Träumen folgen wollt. Mit dem Ziel vor Augen kann man sich leichter aufraffen und doch noch diese eine blöde Seite durcharbeiten.

→ Mehr dazu im Abschnitt „Motivation" auf Seite 29

Das erste Semester

Es ist es soweit. Man hat das Abitur geschafft, ist vielleicht umgezogen in eine andere Stadt, hat ganz neu angefangen und nun beginnt der aufregende Lebensabschnitt Studium. Mit dieser Zeit verbindet man verschiedene positive und negative Vorstellungen. Positive Vorstellung: Die coole Erstsemesterparty, viele neue Freunde, mehr Freizeit, interessante Dinge lernen und Erfolge feiern. Negative: Der Morgen nach der coolen Erstsemesterparty, Prüfungszeit und Zukunftsangst. Lasst euch von mir mit meinem langen weißen Bart sagen, dass sowohl das eine als auch das andere eintreten wird. Natürlich ist die Zeit des Studiums eine Zeit des Ausprobierens und für tolle Erinnerungen mit Freunden. Ja, das Studium ist aufregend, bunt und spannend, aber es bedeutet auch Verantwortung und Arbeit. Es ist eine Zeit, in der man über sich hinauswachsen muss. Vielen ist am Anfang ihres Studiums nicht bewusst, was da eigentlich auf sie zukommt, und sie genießen erstmal ihre neue Freiheit. Am Ende des Semesters merken sie dann, dass irgendwie alles anders gelaufen ist, als sie es sich vorgestellt haben. Das Semester ist viel schneller vergangen als gedacht und es ist neben den Partys, Stadterkundungen und dem Ausprobieren verschiedener Cafés und Bars nur wenig Zeit geblieben für das eigentliche Studium. Fühlt euch nicht schlecht, wenn euch genau das passiert, denn ich bin mir sicher, ihr seid damit nicht allein. Wenn ihr das verhindern wollt, solltet ihr Dinge beachten, die dabei helfen, das Studium erfolgreicher und entspannter zu beginnen.

Einführungsveranstaltungen

In nahezu jedem Studiengang wird für die Erstsemester eine Einführungsveranstaltung angeboten. Das klingt erst mal trocken und langweilig, ist aber eine Möglichkeit, um die wichtigsten Informationen, die ihr für den Start ins Semester braucht, zu bekommen. An einigen Universitäten und Hochschulen kann man sich gar nicht so leicht orientieren, da hilft es sehr, wenn man eine Hilfestellung bekommt. Sowohl Gebäudepläne können wichtig werden, denn schließlich will man wissen, wo die wichtigen Räume und Bibliotheken sind, als auch organisatorische Informationen. Wenn man Glück hat, werden diese Einführungsveranstaltungen vom Studentenrat (STURA)* übernommen. Dann hat man junge Menschen vor sich, die sich noch sehr gut an das unsichere Gefühl erinnern können, das man als Erstsemester oft hat. Ihnen könnt ihr die dümmsten Fragen stellen und sie werden immer versuchen euch zu helfen. Zögert nicht, sie auch während des Semesters aufzusuchen, wenn ihr nicht weiter kommt. Manchmal muss man sich zwar hinterher eingestehen, dass man sich vielleicht etwas dumm angestellt hat, aber es gibt auch schwierige Situationen, in denen es gut ist, sich Rat zu suchen. Für mich zum Beispiel war es nach meinem Uniwechsel gar nicht so leicht, meinen Stundenplan an der neuen Uni zu erstellen. Nach einigen Fehlversuchen in Eigenregie – und sind wir mal ehrlich, einigen Heulkrämpfen … ja ich bin ein dramatischer Mensch – habe ich mich doch überwunden, den STURA um Rat zu bitten. Die lieben Menschen dort haben

* An jeder Universität oder Hochschule gibt es vergleichbare Räte, die unterschiedliche Aufgabenbereiche haben. Informiert Euch am Besten direkt, was diese Zusammenschlüsse für Euch tun können.

mir so schnell und freundlich geholfen und konnten mir gleich noch den ein oder anderen Tipp geben, was ich zukünftig beachten sollte. Es gibt aber auch Einführungsveranstaltungen, die von Studienberatern oder Dozenten gemacht werden. Die sind meist nicht weniger informativ, nur hat man manchmal das Pech, einen eher demotivierenden Menschen vor sich zu haben. Lasst euch nicht verunsichern von schwarzen Zukunftsvisionen und erinnert euch daran, warum ihr dieses Studium angetreten habt. Solange ihr fleißig und mit Leidenschaft studiert, entscheidet ihr selbst, ob dieser Studiengang zu euch passt oder nicht.

Am Anfang ist das ein bisschen überwältigend und es kann schwerfallen, nicht nur die Informationen zu behalten, sondern auch die richtigen Fragen zu stellen. Nicht selten merkt man dann erst wieder zu Hause, was man noch nicht weiß. Für alle, die das verhindern wollen, habe ich hier mal einen Fragenkatalog mit all jenen Dingen, die ihr zum Studienbeginn wissen solltet. Einige davon kann man vielleicht schon mit dem Informationsmaterial beantworten, das die meisten Universitäten ihren Erstsemestern zuschicken.

Gibt es einen Studentenausweis? Wenn ja, woher bekomme ich und wozu benötige ich ihn?

_____

_____

_____

Gibt es einen Gebäudeplan, der einem bei der Orientierung auf dem Gelände hilft? Wenn ja, wo kann ich den bekommen?

_____

_____

_____

Wo befindet sich mein Fachbereich und das dazugehörige Sekretariat?

_____

_____

_____

_____

Wo sind die Bibliotheken? Was benötigt man, um dort Bücher auszuleihen? Gibt es dort auch Arbeitsräume für Studenten?

_____

_____

_____

_____

Wo befindet sich die Mensa? Wie kann man in der Mensa bezahlen, per Bargeld oder Studentenausweis?

_____

_____

_____

Was sind die Vorgaben für das Erstellen eines Stundenplans? Wie kann ich mich für Module eintragen?

_____

_____

_____

_____

Wo ist das Prüfungsamt?

_____

_____

_____

_____

Wer ist mein Ansprechpartner, wenn ich generelle Fragen zum Studium hab?

_____

_____

_____

_____

Gibt es für meinen Studiengang Pflichtpraktika? Wenn ja, wie viele und über welchen Zeitraum sollten die gehen?

_____

_____

_____

_____

Wer ist in meinem Fachbereich der Ansprechpartner für Fragen rund ums Praktikum?

_____

_____

_____

_____

Sind für meinen Studiengang Auslandssemester oder Praxissemester obligatorisch?

_____

_____

_____

_____

Wo finde ich das Bafög-Amt?

_____

_____

_____

_____

Gibt es Stipendien, auf die ich mich bereits zu Beginn des
Studiums bewerben kann? Wo finde ich dazu Informationen?

_____

_____

_____

_____

Bis wann und wohin müssen jedes Semester die Semesterbeiträge
und/oder die Studiengebühren überwiesen werden?

_____

_____

_____

_____

Gibt es Angebote für Hochschulsport? Wo kann ich die einsehen
und wo kann ich mich dafür anmelden?

_____

_____

_____

_____

Gibt es ein Begrüßungsgeld für Studierende aus anderen Städten?

_____

_____

_____

Einführungsveranstaltungen sind aber nicht nur wichtig wegen der vielen Informationen, sondern auch, weil man dort seine Kommilitonen zum ersten Mal trifft. Genau wie ihr werden dort Leute sitzen, die aufgeregt und unsicher sind, und ihr habt in diesem Moment alle die gleichen Ängste und Hoffnungen.

Versucht, nicht zu schüchtern zu sein, und sprecht einfach Leute an, die ihr sympathisch findet: „Hi, ich bin Ella. Ist der Platz neben dir noch frei? Woher kommst du?" Ja, ich gebe zu, man muss sich ein bisschen überwinden und das wird dem einen leichter fallen als dem anderen. Wenn man während der Schulzeit keine guten Erfahrungen gemacht hat, ist das Studium die Chance für einen Neuanfang. Niemand kennt euch und die peinlichen Geschichten dieser einen Party, aus der Zeit, in der ihr unheimlich unordentlich wart oder aus eurer Gothikphase. Ihr entscheidet, was für ein Mensch ihr jetzt sein wollt und seid. Also gebt euch einen Ruck und lernt Leute kennen, denn das können nicht nur Freundschaften fürs Leben werden, sondern auch gute Lernpartner fürs Studium.

Lerngruppe

Sobald man nette Menschen kennengelernt hat, die ähnlich ticken wie man selbst, bietet es sich an, gemeinsam eine Lerngruppe zu gründen. Das klingt erstmal nach trockener Lernzeit, aber tatsächlich kann man sich diese produktive Zeit richtig schön gestalten. Wir haben uns regelmäßig getroffen und erstmal gemeinsam gefrühstückt oder abends gekocht. Dabei kann man über das Leben philosophieren, Informationen austauschen, Ängste teilen oder sich über diese blöde Fachliteratur aufregen, die man einfach nicht versteht. Wenn dann alles von der Seele und der Bauch voll ist, lässt es sich wunderbar gemeinsam arbeiten. Regelmäßige Treffen zur Vor- und Nachbereitung und später zur Prüfungsvorbereitung haben mir persönlich sehr geholfen. Man kann gegenseitige Fragen klären und indem man anderen etwas erklärt, testet man gleichzeitig, ob das eigene Wissen wirklich fest im Sattel sitzt. Wie oft ihr euch mit eurer Lerngruppe trefft, bleibt vollkommen euch überlassen: einmal in der Woche, einmal im Monat oder nur in der Prüfungszeit. Das ist einfach abhängig davon, wie ihr am besten produktiv seid. Lerngruppenzeit war für uns nicht nur unheimlich produktiv, sondern auch eine Zeit, in der wir als Team zusammen gewachsen sind. Ohne meine Lerngruppe wäre ich nie so erfolgreich und glücklich durchs Studium gegangen.

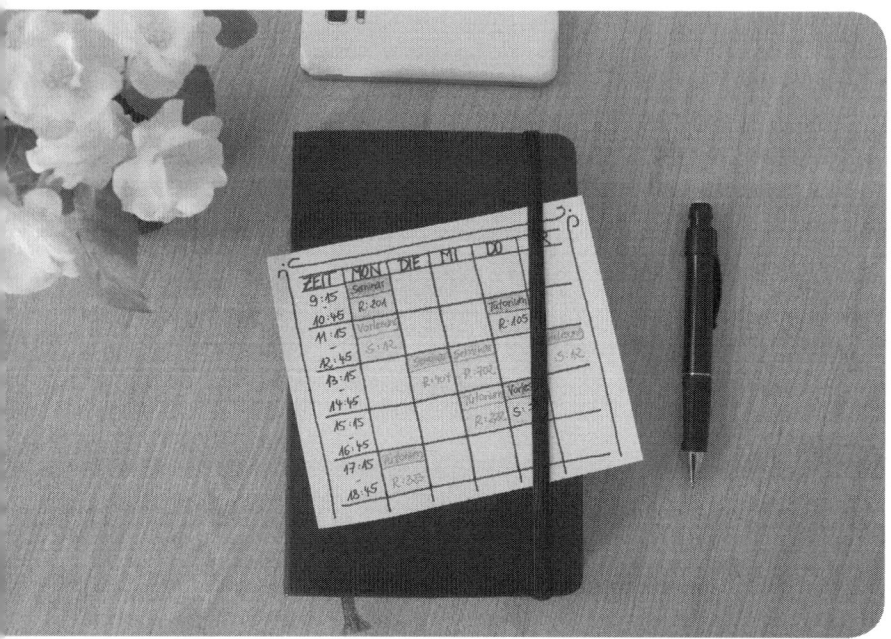

Stundenplan

An den meisten Universitäten müssen Studenten ihren Stundenplan selbstständig erstellen. Dafür ist es wichtig, die Prüfungsordnung zu kennen. Die ist meist online verfügbar und ihr könnt sie ganz einfach nach den Informationen durchsuchen, die ihr braucht. Um alles in Regelstudienzeit zu schaffen, wird ein bestimmtes Pensum vorgegeben. Bei mir waren es drei bis vier Module im Semester, die aus verschiedenen Veranstaltungen wie Seminaren, Vorlesungen, Tutorien usw. bestanden. Die Prüfungsordnung verrät euch auch, ob ihr für das Bestehen der einzelnen Module eine Klausur oder Hausarbeit schreiben oder lediglich ein Referat halten müsst. Ohne den Schwarzen Peter überreichen zu wollen: Da findet ihr auch die Informationen darüber, wie viele Versuche man für jede Prüfungsleistung hat. Natürlich ist es klug, die Module gleichmäßig auf die Woche zu verteilen, aber ihr solltet eure Veranstaltungen nicht nur nach dem Stundenplan aussuchen, sondern wirklich auch danach, was euch interessiert. Studium ist nicht nur die Zeit, die man effektiv überstehen muss, sondern vor allem die Zeit, in der man die interessantesten Dinge lernen kann. Schon früh euren Interessen nachzugehen, wird helfen, euch schneller im Studium zu orientieren. Was interessiert mich wirklich und in welche Richtung würde ich gerne mehr erfahren? Oder auch: Oh mein Gott, das habe ich mir viel interessanter oder ganz anders vorgestellt. Auch wenn sich das vielleicht sehr nach Schule anfühlt, druckt euren fertigen Stundenplan aus und klebt ihn in euren Kalender oder irgendwohin, wo ihr ihn immer vor Augen habt. Am Anfang kann das alles überwältigend wirken, aber glaubt mir, es wird leichter und im nächsten Semester lauft ihr vielleicht an zitternden Erstis vorbei und könnt ihnen den richtigen Weg oder einen guten Tipp geben.

Ich bin ein Träumer. Ich kann mir im Kopf ohne Probleme Fantasiewelten aufbauen und Stunden darin verbringen. Ich hatte lange imaginäre Freunde. Ich sage wohl besser nicht, wie lange … Sitz, kleiner Wolf! Das alles ist wundervoll und ich mag das an mir, aber es sorgt auch dafür, dass ich eine Goldmedaille im Vergessen gewinnen würde, wenn es Olympische Spiele der schlechten Eigenschaften gäbe. Ich mache das nicht mit Absicht, aber in meinem Kopf sieht es ungefähr so aus: *Ich muss mir dringend merken, am Donnerstag diesen wichtigen Anruf zu machen. Am besten mach ich mir dazu auch gleich Stichpunkte. Wo ist mein Zettel? Oh guck mal, diese Klebezettel hab ich von meiner Freundin bekommen. Wie es ihr wohl geht? Sie hat immer so schöne Haare. Ich sollte mal wieder ein Haartutorial machen, vielleicht über Locken. Dazu hatte ich mir doch neulich gerade etwas aufgeschrieben. Die Freundin müsste ich mal wieder anrufen und fragen, was sie für Shampoos empfehlen kann … Anrufen! Nicht vergessen anzurufen … oder werde ich angerufen? Ich recherchiere das mal … oh, guck mal Pinterest.*

Sehen wir der Wahrheit ins Gesicht: Was ich mir nicht aufschreibe, verschwindet für immer unerkannt in den weiten Jagdgründen meines Gehirns. Zu Schulzeiten war das schon lästig, aber da wird man ja noch regelmäßig an Dinge erinnert und es ist schwerer, etwas komplett zu verschwitzen. Im Studium wiederum entscheidet das Einhalten von Terminen, die rechtzeitige Abgabe von Hausarbeiten und der schnelle Zugriff auf die richtigen Information darüber, ob man Erfolg hat oder nicht. Wenn ihr schon ein System gefunden habt, wie ihr am effektivsten eure Zeit organisiert und Termine im Blick behaltet, bleibt dabei. Never change a winning team. Es gibt keinen Grund dafür, Zeit und Energie in die Veränderung von etwas zu stecken, das funktioniert. Ich hatte schon in der Schule eine ganz gute Arbeitsweise, trotz Träumerkopf, die ich aber im Studium noch deutlich optimieren musste. Hier ist, was ich gelernt habe:

Alles an einem Platz

Der erste Tipp, den ich jedem gebe, der sich besser oder überhaupt organisieren will, ist, einen Ort für alles zu haben. Unser Leben ist kunterbunt. Wir haben Pflichten und Hobbys, müssen uns Geburtstage und Termine merken, To-Do-Listen abarbeiten und Adressen finden. Wenn wir Termine im Kalender festhalten, Aufgaben auf Klebezettel schreiben und Adressen im Adressbuch haben, ist es wahrscheinlich, dass wir nicht über alles den Überblick behalten können. Die zwei Orte, die ich am praktischsten finde, um alles zu vereinen, sind entweder das Smartphone oder der Kalender. Wenn ihr für euch einen dritten Weg gefunden habt, der funktioniert, bleibt dabei und erzählt mir gern davon. Beide Varianten, die ich eben genannt habe, haben Vor- und Nachteile.

Das Smartphone ist klein, kann mit dem Rechner synchronisiert werden und die meisten von uns haben es immer bei sich. Es gibt unzählige Apps, die bei Organisatorischem helfen und viele von ihnen erinnern uns an wichtige Ereignisse. Fingernägelschneiden heute 16 Uhr. Ein neuer Termin kann ganz unkompliziert in die Kalender-App eingetragen werden und die Dinge, die ich dafür gemacht haben muss, kommen in die To-Do-Listen App. Die Einkaufsliste für die nächste Woche ist auch schnell in einer App festgehalten. „Aber was mach ich bloß am Mittwoch zum Abendbrot? Da kann ich mir ja kurz mal auf Instagram eine Inspiration holen. Oh, der Typ ist ja süß *scroll* und das neue Video von Youtuber-GanzWichtig ist auch online. Das kann ich ja ganz kurz mal angucken. Ach der hat 'nen Vlogkanal?" Und da sind wir auch schon bei dem großen Nachteil. Es gibt eben nicht nur Apps, die einem helfen produktiver zu sein, sondern auch genug, die das Gegenteil bewirken. Das Smartphone ist eine der größten Ablenkungen und sollte von Profiprokrastinierern zu bestimmten Zeiten gemieden werden. Außerdem haben diese kleinen Wunderapparate so fiese kleine Dinger, die man Akku nennt. Wenn der leer ist, steht man sozusagen nackt und unwissend da.

Für mich persönlich war ein Kalender immer die erste Wahl, denn ich kann Dinge vor allem dann gut durchdenken, wenn sie „mir durch die Hand gehen." Informationen klassisch mit Stift und Papier festzuhalten, sortiert mich persönlich mehr als das Smartphone. Aber das muss nicht für jeden stimmen. Egal, ob Buch- oder Ringbuchkalender, so ein Planer kann im Studium zu eurem persönlichen Assistenten werden, der euch überallhin begleitet, die Antworten auf all eure Fragen hat und dessen einzige Schwäche ist, dass er euch keinen Kaffee bringen kann. Ich bin mir aber sicher, dass es irgendwann ein Washitape gibt, das nach Kaffee schmeckt. Bevor ihr euch für eine Kalenderform entscheidet, solltet ihr euch überlegen: Wie viel Platz bzw. wie viel Gedächtnisstütze brauche ich? Will ich eigentlich nur meine Termine dort eintragen, weil das das einzige ist, was mir sonst entfällt und alles andere hab ich wunderbar im Kopf, reicht eine Woche auf einer oder zwei Seiten. Mein Siebgedächtnis und ich nutzen den Kalender allerdings als Gedächtnisstütze, halten so ziemlich alles darin fest und brauchen logischerweise auch viel Platz. Was ich in meinem Kalender aufschreiben kann, brauche ich nicht im Kopf zu haben und das schafft Platz für Gelerntes und Kreativität. Also ist ein Kalender mit einem Tag pro Seite für mich am passendsten. Sucht euch etwas, was euch nicht nur in der Anwendung gefällt, sondern auch etwas, was euch optisch zusagt. Das mag jetzt sehr banal klingen, aber wenn man etwas hässlich oder unpraktisch findet und es sich blöd anfasst, hört man einfach wieder auf, es zu benutzen und das Chaos bricht aus.

Dieses Schätzchen kann euer neuer bester Freund werden, also wählt etwas aus, was ihr gern benutzen werdet. Der schönste Ringbuchplaner mit dem allerschönsten Koffeinwashitape hilft gar nichts, wenn ihr ihm keine Aufmerksamkeit schenken wollt.

Kategorien bilden

Unser Alltag ist meist gefüllt mit den verschiedensten Aufgaben, die regelmäßig und unregelmäßig erledigt werden wollen. Damit man einen besseren Überblick darüber bekommt, mit was man so konfrontiert ist, hilft es unheimlich, sich alle Aufgaben grob in Kategorien einzuteilen. Verpflichtungen wie *Literaturrecherche in der Bibliothek*, *Seminar „Das Lebenswerk meines begabten Dozenten" vorbereiten* und *Referatsgruppentreffen* gehören in die Kategorie Studium. *Wäsche waschen*, *Katzenklo säubern* und *Einkaufen* könnte in die Kategorie Haushalt gehören. Welche Aufgaben es in eurem Leben gibt und wie man sie am besten in Kategorien unterteilen kann, entscheidet ihr selbst. Mögliche Kategorien könnten Studium/Arbeit, Nebenjob, Haushalt, Wichtig, Familie/Freunde und Sport sein. Wenn ihr viel reist, habt ihr natürlich auch die Kategorie Reisen oder wenn ihr ein aufwändiges Haustier habt, was euch nachts aus dem Bett mauzt und euch dann in die Zehe beißt … ich schweife ab … oder ein Hobby, das viel Zeit braucht, kann auch das eine Kategorie sein. Der Sinn dahinter ist, dass ihr viel leichter sehen könnt, wo eure Prioritäten liegen und wofür ihr also die meiste Zeit braucht. Ein wunderbarer Weg, sich selbst zu kontrollieren. Setze ich die richtigen Prioritäten oder verbringe ich die ganze Woche mit meinem Hobby und wundere mich am Ende, dass das Studium nicht läuft? Außerdem kann man so ausgeglichener arbeiten. Ich bin so eine Superheldin, die erst die Heldentaten vollbringt, auf die sie Lust hat und die anderen Notfälle bleiben im Zweifelsfall ungerettet. Wenn ich aber Aufgaben aus allen Kategorien gleichmäßig über die Woche verteile, zwinge ich mich, für alle wichtigen Bereiche etwas zu tun.

Farbsystem

Der nächste Schritt klingt erstmal nach „Mädchen malen aus und unterstreichen bunt", aber gebt ihm trotzdem eine Chance, denn er wirkt wahre Wunder. Für mehr Übersichtlichkeit könnt ihr euren Kategorien Farben zuordnen und alle Aufgaben entsprechend farbig in euren Kalender eintragen. Jede Kategorie bekommt eine andere und am Besten eine, die für euch am meisten damit verbunden ist. Klingt nach Hippiekram, ist es aber nicht, denn nicht umsonst assoziieren die meisten von uns wichtige Dinge mit rot. Für mich ist die Kategorie Studium immer lila, Nebenjob ist hellblau, Familie und Freunde sind dunkelblau, Haushalt dunkelgrün, Sport ist rosa und meine Kategorie Sonstiges, in die der Kleinkram kommt, ist gelb. Das kann aber für euch ganz anders sein. Auch hier wieder intuitiv entscheiden und ändern, wenn ihr merkt, dass etwas nicht so passt, wie zuerst gedacht. Für den Anfang hilft eine kleine Legende mit eurem Farbsystem, die ihr euch vorne in den Kalender legt. Mit der Zeit werden diese Farben im Kopf mit der jeweiligen Kategorie verschmelzen und ihr müsst nicht mehr drüber nachdenken. Schon mit einem oberflächlichen Blick in den Kalender seht ihr was ansteht und das spart unheimlich viel Zeit.

Termine

Damit der Kalender nicht irgendwann von der Armee der durchgestrichenen Termine überrannt wird, schreibe ich neue Verabredungen, Termine und Meetings erstmal mit einem weichen Bleistift in den Kalender, denn nicht selten wird etwas umgeworfen, abgesagt oder verschoben. Auf diese Weise ist es unkompliziert, Termine zu verändern.

Planung

Ich würde empfehlen, sich einmal in der Woche hinzusetzen und den Kalender für die nächsten Tage vorzubereiten. Ich finde den Sonntag dafür sehr passend, denn die meisten von uns haben an diesem Tag Zeit und Ruhe und man kann anschließend mit einem guten Gefühl in die nächste Woche gehen. Das ist inzwischen meine Ich-Zeit, in der ich meinen Kopf aufräume und kräftig durchwische. Das Ganze kostet mich nicht mehr als 30 Minuten. Nachdem ich mir einen Tee und schöne Musik angemacht habe, trage ich meine Bleistifttermine fest in den Kalender ein. Wenige Tage vorher ist die Wahrscheinlichkeit, dass etwas verschoben wird, viel geringer und der Planungsfreak in mir fühlt sich wohler, etwas fest einzuschreiben, ohne Angst haben zu müssen, am Ende ganze Seiten zu Tip-Exen. Nicht, dass ich das jemals gemacht hätte *räusper*. Wenn es in eurem Leben Termine gibt, die nie ganz sicher sind, könnt ihr die auch einfach auf Klebezetteln festhalten und entsprechend im Kalender platzieren. Wenn sie sich dann wirklich verändern, kann man einfach den Zettel woanders hinkleben. Als nächstes überlege ich mir, wie lange dieser Termin in etwa dauern wird. Das ist etwas, was mir anfangs sehr schwer gefallen ist, denn ich war nicht gut im Einschätzen von Zeit. Aber dieser Schritt ist wichtig, damit man den restlichen Tag auch noch effektiv nutzen kann und ich verspreche euch, dass es mit der Zeit immer leichter wird.

Kleiner Tipp: Lieber ein bisschen zu viel Zeit einplanen, als zu wenig. Es macht viel mehr Spaß, seinen eigenen Plan zu überholen, als hinterherzuhinken.

Um auch für meinen Kopf sichtbar zu machen, dass die Zeit des Termins nicht für irgendetwas anderes zur Verfügung steht, blocke ich sie optisch aus. Klingt toll, aber tatsächlich ziehe ich nur einen Rahmen drum und markiere diese Zeit farblich, je nachdem, in welche Kategorie der Termin gehört. Ich wäre nämlich sonst so ein Experte, der unter dem Termin eine wunderschöne, ewig lange To-Do-Liste platziert, die niemals zu bewältigen ist. Sowas demotiviert unheimlich und das sollten wir, als unser persönlicher Cheerleader, absolut vermeiden. Dadurch lernt man mit der Zeit immer besser realistisch zu schätzen, und das ist Gold wert, um effektiv zu sein. Wenn alle Termine eingetragen sind, sehe ich also auf einen Blick, wo Zeit für andere Dinge bleibt, ob irgendwo Fahrzeiten einzuplanen sind und wann ich eine Pause brauche. Meine Termin-Farb-Blocks sind auch der Ort, an dem ich mir Infos notiere. Für ein Gespräch mit einem Dozenten oder einfach ein Seminar, halte ich dort Fragen fest, die ich habe, Raumwechsel oder Dinge, die ich mitnehmen muss. Für ein Treffen mit Freunden halte ich den Treffpunkt fest und erinnere mich vielleicht an das Buch, was mir ausgeliehen wurde. So hab ich alles genau dort, wo ich es brauche und leicht abrufbar.

Wenn man die Kalenderseiten jetzt vor sich hat, kann man sehr gut sehen, wo Platz bzw. Zeit für andere Dinge ist. Weil ich die Gene meines Papas hab und ein hoffnungsloses Arbeitstier bin, schreib ich als nächstes meine Pausen ein. Das ist sonst das Erste, was vernachlässigt wird, denn man vergisst so gern, dass man ohne kleine Pausen zwischendurch nicht wirklich produktiv sein kann. Den übrigen Platz kann man jetzt Stück für Stück mit Aufgaben und Hobbys füllen. Auf diese Weise hat man am Ende der Planung die Zeit optimal ausgenutzt und einen guten Überblick darüber, was ansteht.

Hier könnt ihr euch ansehen, wie ich meinen Kalender ausfülle und benutze.

Ohne kleine Pausen zwischendurch kann man nicht wirklich produktiv sein.

Aufgaben

Das Ausfüllen der Lücken kann manchmal aber auch wie das Lösen eines Kreuzworträtsels sein. Meist kommen die verschiedenen Aufgaben nicht brav chronologisch auf uns zu, sondern bunt verteilt mit unterschiedlichen Prioritäten und Deadlines. Das macht mich immer ein bisschen unsicher, denn ich weiß nicht immer, wenn eine Aufgabe auf mich zukommt, wann ich die genau erledigen kann oder muss. Wenn ich sie aber nicht aufschreibe, verschwindet sie leicht in den Tiefen meines Gehirns. An dieser Stelle können ein To-Do-Listen-Buch oder spezielle Seiten in euren Ringbuchkalender helfen. Diese Liste funktioniert wie ein externer Speicher und ersetzt euer Gedächtnis, denn je weniger ihr euch merken müsst, desto mehr Platz ist im Kopf für Kreativität und Ideen. Ich schreibe auf meine Liste ungefiltert und ungeordnet alle Aufgaben, die mir gegeben werden und alle, die ich mir selbst gebe. Einige dieser Aufgaben sind wichtig und haben eine feste Deadline, wie z. B. die Abgabe einer Arbeit. Andere sind unwichtiger und haben keine Deadline, wie z. B. Gardinen kürzen. Das steht auf meiner Liste und ich will es machen, aber ist nicht meine Priorität. Wenn es eine Deadline dazu gibt, schreibe ich die natürlich dazu, damit ich beim Abarbeiten besser sehe, wo die Prioritäten liegen müssen. Anfangs fiel es mir sehr schwer, realistisch einzuschätzen, wie viel Zeit ich wohl für die ein oder andere Aufgabe brauche. Das Resultat waren bis über den Rand vollgeschriebene Kalenderseiten, die zwar wundervoll bunt waren, aber auch sehr einschüchternd. Nur wenn man realistisch plant, kann man all seine Aufgaben erledigen und ist am Ende zufrieden mit sich selbst. Also habe ich mir eine Weile neben die jeweilige Aufgabe auch eine ungefähre Zeitangabe geschrieben, die mich beim Planen später sanft daran erinnert hat, dass auch mein Tag nur 24 Stunden hat. Diese Liste gibt mir Ruhe, weil ich weiß, dass ich keine siedend-heißen Einfälle mehr habe und nicht plötzlich diesen Anruf kriege: „Sag mal, wolltest du nicht ...?" oder „Wo warst du gestern?" Sie ist aber nichts, was ich jeden Tag angucke, sondern kommt nur an meinem Planungstag zum Einsatz und hilft mir, zu entscheiden, was in der nächsten Woche erledigt werden muss. Gerade wenn viele verschiedene Dinge zu tun sind, gibt einem so ein Büchlein mehr Gelassenheit und Ruhe und wir wissen alle: *In der Ruhe liegt die Kraft. Nicht in der Panik.*

Zeitplanung auf einen Blick

- Alle Informationen an einem Platz zusammenfassen (Kalender oder Smartphone)
- Aufgaben in einem To-Do-Listenbuch sammeln
- Aufgaben des Alltags in Kategorien einteilen
- Jeder Kategorie eine Farbe zuordnen
- Termine farblich passend eintragen und mit einem Rahmen versehen
- Pausen einplanen
- Lücken mit Aufgaben füllen

Motivation

Zu Beginn des Semesters sind die meisten von uns hochmotiviert. Wir wollen mehr machen als je zuvor, schneller und effektiver arbeiten, alles rechtzeitig oder sogar vor der Deadline beenden und gute Ergebnisse erzielen. Aber nur wenige können diese Motivation das ganze Semester über bewahren. Wir kennen sie wahrscheinlich alle: Die erfolgreichen Menschen, denen alles gelingt, die nie schlechte Tage haben und fokussiert ihr Ziel verfolgen. Der Rory Gilmore Typ. Was unterscheidet sie von uns? Motivation.

Das bedeutet aber nicht, jede Sekunde seines Lebens ein Motivationsknäuel zu sein und – um ehrlich zu sein – glaube ich, dass niemand immer motiviert ist. Es gibt aber Dinge, die man tun kann, um sich selbst ein bisschen zu überlisten und auch in diesen Keinen-Bock-Momenten produktiv zu sein.

Ziele

Einer der wichtigsten Punkte, um sich zu motivieren, ist zu wissen, wofür man morgens aufsteht. Ohne ein Ziel auf das man hin arbeitet, ist es sehr schwierig sich aufzuraffen und mit Lust an die Arbeit zu gehen. Manchmal verfolgen wir Ziele, die gar nicht unsere eigenen sind. Wir studieren zum Beispiel ein bestimmtes Fach, weil unsere Eltern das für richtig halten, wir verfolgen ein bestimmtes Lebenskonzept, weil wir glauben, dass andere das von uns erwarten oder wir gehen den scheinbar richtigen Weg, der aber gar nicht wirklich unserer

Wenn du deine Ziele aufschreibst, werden sie greifbarer und konkret.

Wer noch mehr Anregungen und Gedanken zum Thema Motivation gebrauchen kann, findet hier ein Video dazu.

ist. Dann ist es nicht verwunderlich, dass es uns schwer fällt, uns aufzuraffen für Dinge, die wir gar nicht erreichen wollen. Seid ehrlich mit euch selbst und und hört ruhig in euch hinein: Wollt ihr dieses Ziel für euch erreichen oder für jemand anderen? Es gibt aber auch den Fall, dass man sich noch nicht wirklich Gedanken über eigene Ziele gemacht hat. Vielleicht, weil es gruselig ist, vielleicht, weil man glaubt, keine Ziele zu haben. Lasst euch von einem Chaoskopf sagen, dass es unheimlichen Spaß machen kann, sich zu überlegen, was man mal erreichen will. Nehmt euch dafür einen ruhigen Moment und überlegt ganz ohne Druck, was das Schönste wäre, was euch passieren könnte.

Was für einen Job würdet ihr gern machen, wenn alles möglich wäre? Wo würdet ihr leben, wenn ihr entscheiden könntet? Was hättet ihr für Freunde, wenn jeder euer Freund sein wollen würde? Versucht euch bei diesen Überlegungen ein bisschen von der Realität zu lösen, denn nur so erlaubt man sich über den Tellerrand hinaus zu sehen. Natürlich ist ein Ziel wie „Ich möchte eine Millionen Euro im Lotto gewinnen," eher unrealistisch, aber andere Ziele, die man selbst für unerreichbar hält, sind manchmal greifbarer als man glaubt. Im nächsten Schritt könnt ihr euch Stück für Stück überlegen, was ihr tun müsst, um dieses Ziel zu erreichen. Wenn euch das schwer fällt, ist es hilfreich rückwärts vorzugehen. Was muss ich gemacht haben, bevor ich dieses Ziel im letzten Schritt erreiche? Was muss ich im Schritt davor geschafft haben und davor? Ich kann z. B. besser über die verrücktesten und coolsten Ziele nachdenken, wenn ich niemandem von meinen Plänen erzähle. Auf diese Weise brauche ich mich nie dafür zu rechtfertigen oder mir anhören, dass etwas nicht machbar oder unrealistisch ist. Ich mache mir nur einen Plan, den ich verfolge und erreiche Stück für Stück, was ich mir vorgenommen habe. Meiner Erfahrung nach muss man nach etwas streben können, damit man sich an schlechten Tagen selbst motivieren kann, in dem man sich daran erinnert, was möglich ist, wenn man diesen nächsten Schritt geschafft hat.

Visuelle Erinnerung

Wenn es euch schwerfällt, euch daran zu erinnern wofür ihr arbeitet, hilft es, euch eure Ziele regelmäßig vor Augen zu führen. Das können ihr tun, indem ihr sie auf eine Liste schreibt und auf die erste Seite eures Kalenders klebt. Auch Collagen sind sehr motivierend. Dafür könntet ihr euch einfach Bilder oder Sprüche ausdrucken oder aus Zeitschriften schneiden, die symbolisieren, was ihr erreichen wollt oder die einfach motivierend auf euch wirken. Arrangiert sie so, wie es euch gefällt und hängt euer Meisterwerk sichtbar für euch in die Nähe eures Arbeitsplatzes. Immer wenn ihr vor euch all die Gründe dafür seht, warum ihr jetzt anfangen solltet produktiv zu sein, werdet ihr euch damit selbst überzeugen und eben nicht den ganzen Tag vertrödeln.

Organisation

An dieser Stelle könnte ich ein Liebesgedicht an Organisation und Zeitmanagement schreiben. Bin ich aber nicht gut drin, also lass ich das zum Wohle all unserer Augen wohl besser bleiben. Für einen Listenmenschen wie mich ist Organisation und das Abarbeiten von To-do-Listen die motivierendste Sache der Welt. Sie liefern mir regelmäßig kleine Erfolgserlebnisse, weil ich sehen kann, was ich jeden Tag schaffe. Erfolg macht süchtig. Einfach ins Blaue arbeiten zu müssen, ohne zu wissen, wie viel noch vor einem liegt, macht mich nervös und bringt mich dazu, diese Aufgaben vor mir herzuschieben. Man tendiert an dieser Stelle oft dazu Dinge nie zu beginnen oder nie zu beenden. Das tut man nicht, weil man faul oder dumm ist, sondern weil man nicht weiß, wo man anfangen soll. Wenn man sich die Arbeit aber auf mehrere Tage oder Wochen verteilt und sich feste Zeiten dafür einteilt, wirkt sie nicht bedrohlich, sondern machbar. Man kann einschätzen, wieviel noch zu tun ist, aber auch wie viel schon geschafft ist.

Überforderung

Immer dann, wenn nicht abschätzbar ist, wie viel Arbeit vor einem liegt und wie lange es dauern wird, sie zu beenden, sinkt die Motivation bis auf den Mittelpunkt der Erde. Niemand hat Lust etwas anzufangen, wenn er nicht sicher ist, dass er es beenden kann. Der Schlüssel ist hier, Überforderung vorzubeugen, indem man große Aufgaben in kleine, machbare Schritte aufteilt. Macht aus dem To-Do-Listenpunkt „Hausarbeit schreiben" verschiedene kleine Unterpunkte: Literaturrecherche, Rücksprache mit dem Dozenten, Einleitung formulieren usw. Formuliert z. B. eure Lerneinheiten genau. Sich in den Kalender „Lernen" zu schreiben, signalisiert einen großen Berg Arbeit. Wenn ihr euch konkret aufschreibt, welchen Teilbereich ihr heute lernen wollt und nach wie vielen Seiten ihr fertig seid, wirkt die Aufgabe nicht so riesig und die Wahrscheinlichkeit, dass ihr euch davor drückt, ist kleiner.

Nicht vergessen, sich auch immer einmal Zeit für sich zu nehmen!

Routine

Der Mensch ist ein Gewohnheitstier. Ob es cool ist oder nicht und ob wir es uns eingestehen wollen oder nicht, wir tun Dinge eher, wenn wir sie regelmäßig tun. Geht zum Spaß mal euren Alltag im Kopf durch. Ihr werdet definitiv Dinge finden, die ihr jeden Tag erledigt und über die ihr nicht mehr nachdenkt. Niemand fragt sich morgens, ob er gerade Lust hat, sich die Zähne zu putzen. Wir machen es einfach, weil wir es schon unser ganzes Leben lang so tun. Wenn wir es also schaffen, unangenehme Dingen zu unserer Routine zu machen, hören wir auf, uns innerlich dagegen zu wehren und Gründe dafür zu finden, warum wir es gerade heute nicht machen können. Lern- bzw. Arbeitssessions, die jede Woche zur gleichen Zeit stattfinden, gehen irgendwann in Fleisch und Blut über und wir machen einfach unseren Job. Das gibt uns ein gutes Gefühl, wir sind zufrieden mit uns und das macht süchtig.

Pause

Auch wenn wir uns manchmal für Superhelden halten, sind das nur die wenigsten von uns. Wir brauchen regelmäßige Pausen, um immer wieder das Stresslevel zu senken und die Batterien auszuladen. Tagelanges Lernen mit wenig Schlaf ist wenig effektiv, denn ohne Ruhephasen kann das Gehirn irgendwann nur noch wenig aufnehmen. Gönnt euch am Tag immer mal wieder kleine Auszeiten von 10-15 Minuten, in denen ihr rumliegt, Musik hört, mit Freunden telefoniert oder im Internet surft, um Abstand zu bekommen. Wenn ihr jemand

„Was ohne Ruhepausen geschieht, ist nicht von Dauer."

Ovid

seid, der Pausen aber regelmäßig über den ganzen Tag ausweitet, stellt euch einen kleinen Timer, der euch daran erinnert, dass die Arbeit weitergehen muss.

Psst, manchmal hat man aber nach einer stressigen Zeit auch mal das Bedürfnis nach einem ganzen Tag Nichtstun. Das ist Okay! Lasst das auch mal zu, denn ihr seid keine Maschine. Wenn man sich wohl und ausgeruht fühlt, ist man wieder bereit für neue Aufgaben.

→ Mehr Hinweise zum Umgang mit Motivationstiefs gibt es im Abschnitt „Prokrastination" auf den Seiten 82-84.

Bei all diesen Tipps ist der wichtigste wohl, dass ihr nicht auf die Motivation warten solltet. Es gibt immer Tage, an denen man nicht motiviert ist und trotzdem produktiv sein muss. Versucht hier so gut es geht, die Gefühle auszuschalten und euch einfach auf das Wesentliche zu konzentrieren. Früher oder später müssen eure Aufgaben erledigt werden und es ist leichter, sie jetzt in Ruhe und vielleicht mit einem Motivationskakao zu erledigen, als später in Stress und Nachtschichten.

Motivationstipps auf einen Blick

- Ziele erkennen und den Weg dorthin bestimmen
- Visuelle Erinnerung dienen als Wegweiser zu den Zielen
- Aufgaben organisieren, To-Do-Listen erstellen
- Überforderung vorbeugen
- Routinen erleichtern das Abarbeiten alltäglicher Aufgaben
- Pause nicht vergessen

Wenn's mal nicht so läuft

Manchmal geht trotz Planung und Motivation doch nicht alles so locker von der Hand, wie man es sich vorgestellt hatte. Irgendwie scheint einen das Sofa bösartig am Aufstehen hindern zu wollen, man schafft nicht so viel, wie man dachte oder das Ergebnis ist nicht so heroisch wie man es sich erhofft hatte. Fühlt euch auf keinen Fall schlecht, wenn etwas nicht so erfolgreich war, wie erhofft. Das bedeutet nicht, dass ihr zu dumm oder unfähig seid, sondern nur, dass euer System oder eure Methoden nicht so gut für euch funktionieren und noch optimiert werden können. Scheitern ist ein Zeichen dafür, dass ihr noch mal in euch gehen und genau überlegen solltet, was tatsächlich funktioniert und welche Herangehensweisen vielleicht nicht so produktiv sind. Ich hab eine Weile gedacht, dass ich nur mit Musik im Hintergrund lernen kann. Nach meiner ersten Prüfung, für die ich viel getan habe und durch die ich trotzdem gefallen bin, hab ich die Musik mal weggelassen und festgestellt, dass mein Kopf sich Dinge besser und länger merken kann, wenn er Stecknadelruhe hat. Das sind Dinge, die einem keiner sagen kann, denn jeder ist anders.

Manchmal macht man sich auch einen großartigen Lernplan, ist unheimlich motiviert und setzt dann das Ganze einfach nicht um. Fühlt sich irgendjemand angesprochen? Das liegt sehr häufig an zu schwammig formulierten Zielen. Wenn man nicht genau weiß, was und in welcher Zeit man etwas schaffen will, tendiert man eher dazu, zu wenig zu machen. „Lernen" kann bedeuten, fünf Minuten über die Aufzeichnungen zu gucken und so ein bisschen zu wiederholen oder den ganzen Abschnitt genau zu verinnerlichen. Ihr könnt euch sicher denken, für welche Variante man sich entscheidet, wenn draußen die Sonne scheint.

Für den Fall, dass ihr absolut keine Motivation entwickeln könnt für das, was ihr tun müsst, egal wie gut ihr plant, solltet ihr grundsätzlich überlegen, ob ihr wirklich das tut, was ihr wollt. Fakt ist aber: Die Wahl, die ihr trefft, wird euch ein Stück des Lebens begleiten. Fokussiert euch nicht zu sehr darauf, ob das Studium, für das ihr euch entschieden habt, gerade angesagt ist oder finanzielle Sicherheit verspricht, sondern darauf, ob Ihr euch dafür begeistern könnt, denn dann wird es euch auch Spaß machen. Natürlich ist das Leben nicht nur Spaß, aber wenn man etwas tut, was einem liegt und für das man eine Leidenschaft entwickelt, hat man automatisch Lust darauf, ist motiviert und geht gern über das hinaus, was gefordert ist. Nur so wird man immer besser in dem was man tut, und hat am Ende Erfolg.

Gestatte dir selbst Schwächen: Fühle dich auf keinen Fall schlecht, wenn etwas nicht so erfolgreich war, wie erhofft.

Überleben an der Uni

Das Semester richtig starten

Manchmal ist er gut, manchmal sehr holprig und jedes Mal nehmen wir uns vor, dass er das nächste Mal viel organisierter wird: der Semesterstart. Anders als in der Schule, wird man im Studium gleich zu Anfang des Semesters mit einer Wand aus Arbeit konfrontiert. Man gibt sich zwar immer der Illusion hin, dass auch in der ersten Semesterwoche noch genug Zeit ist, um das Semester vorzubereiten, aber die Wahrheit sieht leider anders aus. Wer unorganisiert ins neue Semester geht, macht sich gleich zu Beginn unnötig viel Stress. Die vorlesungsfreie Zeit muss zwar oft auch für Prüfungsleistung genutzt werden ... an dieser Stelle herzlichen Dank an die Bologna-Reform ... aber mit Sicherheit findet jeder auch einen Nachmittag, den er nutzen kann, um sich die richtige Ausrüstung für das neue Semester zu organisieren.

Sortieren

Um mit einem klaren Kopf in das neue Semester zu starten, habe ich mir meine Ordner vorgenommen und sortiert. Gerade am Ende des Semesters ist man meist so gestresst oder lustlos, dass Dinge einfach liegen bleiben und vielleicht nicht mehr richtig eingeheftet oder sortiert werden. Im neuen Semester heißt es: „Eine neue Runde, eine neue Runde. Wer hat noch nicht, wer will nochmal?" Bevor die wilde Fahrt von vorne beginnt, ist es wichtig, sich von dem alten Ballast zu befreien. Ich habe zuerst die Stapel von meinem Schreibtisch entfernt und alles sorgfältig eingeheftet. Anschließend bin ich meine Aufzeichnungen durchgegangen und habe entschieden, welche Dinge ich noch brauche und welche Informationen nicht mehr relevant sind. Die meisten Mitschriften haben es in mein Archiv geschafft, was schlicht aus dicken Ordnern bestand, die mit dem jeweiligen Semester beschriftet waren. Damit ich Informationen darin auch später noch schnell finden konnte, hab ich für jeden Ordner ein Deckblatt gemacht. Darauf waren die jeweiligen Module und Veranstaltungen vermerkt, mit Unterpunkten, welche Themengebiete behandelt wurden. Ab in den Schrank damit – und schon hat man das Gefühl, ein bisschen befreit zu sein und frisch ins neue Semester starten zu können. Whoop, whoop.

Bücher bestellen

Sobald ihr wisst, für welche Module ihr euch entschieden habt, solltet ihr Zugriff auf die Leselisten haben. Vielen Dozenten stellen schon vor Semesterbeginn Literaturempfehlungen zur Verfügung, und es ist immer klug, sie sich so schnell wie möglich zu besorgen. Einige Bücher kann man sich in der Universitätsbibliothek ausleihen … wenn man sich früh genug darum kümmert. Andere kann man wunderbar gebraucht und günstig online kaufen. Ich habe mich in meinem ersten Semester viel zu spät um diese „Kleinigkeit" gekümmert und hatte erst in der dritten Semesterwoche meine teuren Originalbücher vollständig bei mir. Das bedeutete vor allem Nacharbeiten und hektisch nach dem roten Faden suchen. Sehr unangenehm, sag ich euch. Wenn man in einer Lerngruppe arbeitet, kann man sich mit dem Besorgen der Bücher absprechen. So schnappt man sie sich nicht gegenseitig vor der Nase weg und dieser Schritt ist entspannter.

Termine

Termine sind im Studium genauso wichtig wie im Leben, aber anders als in der Schule, wird man im Studium nicht nochmal von jemandem an sie erinnert. Wenn man sie vergisst, ist etwas am dampfen.

Viele Dozenten geben die Semesterpläne für ihre Veranstaltung erst in der ersten Semesterwoche aus, sodass man erst dann seine Abgabetermine etc. kennt. Trotzdem gibt es Dinge, die man schon vorher raussuchen und klären kann. Für die eigene Planung ist es auch wichtig zu wissen, wann Feiertage und vorlesungsfreie Zeiten sind. So wisst ihr ganz genau, wann die langersehnten Pausen kommen oder könnt bei Bedarf später größere Projekte, die mehr Zeit in Anspruch nehmen, auch mal auf freie Tage legen. Aber vergesst nicht, dass ihr auch Auszeiten braucht, um die Batterien aufzuladen.

Sobald ihr die Termine für Prüfungen, Referate und Hausarbeiten habt, schreibt sie euch groß und auffällig in euren Kalender. Für einen extra Zeitpuffer später im Semester habe ich mir meine Deadline fürs Lernen und Vorbereiten immer eine Woche vorher eingetragen. Könnt ihr machen, müsst ihr aber nicht. Wenn euch das nicht reicht, könnt ihr euch auch eine große Übersicht mit allen Terminen machen. Am besten funktioniert das in einer Tabelle. In der ersten Spalte steht die Deadline, in der zweiten der dazugehörige Kurs und in

Gäbe es die letzte Minute nicht, so würde niemals etwas fertig.

Mark Twain

→ Eine Kopiervorlage findet ihr im Anhang.

der dritten die Aufgabe, also ob es sich um ein Referat, das Lesen eines Buches oder die Anfertigung eines Modells handelt. Diese Termine könnt ihr dann nach Monaten und chronologisch sortieren und euch über den Arbeitsplatz hängen. So habt ihr die relevanten Daten optisch immer vor euch und seht, wie viel Zeit euch noch für die Bearbeitung der unterschiedlichen Dinge bleibt.

Arbeitsplan

Wenn man wirklich von Anfang an organisiert sein will, sollte man sich schon vor Semesterbeginn einen Arbeitsplan machen. Das ist eine gute Möglichkeit, um sich seine Zeit gut einzuteilen und verschiedene Dinge gut auszubalancieren. Los geht's damit, dass man sich eine Wochenübersicht macht und die eigenen Arbeitszeiten festlegt. Ich bin Arbeitstiertochter und finde nur schwer ein Ende. Damit ich fokussierter an meinen Aufgaben sitze und nicht vielleicht hier und da trödel, habe ich mir wochentags eine Arbeitszeit von 7 Uhr bis 20 Uhr gesteckt. Die restliche Zeit kann man fürs Schlafen, für Hobbys und Freunde einplanen. Am Wochenende habe ich versucht, das Ganze lockerer anzugehen, denn Auszeiten und Pausen sind wichtig, um dauerhaft produktiv zu sein. Ich habe mir meist einzelne Dinge für jedes Wochenende vorgenommen, die ich erledigt habe. In diesen abgesteckten Zeitrahmen habe ich dann all meine Veranstaltung und die Zeiten für meinen Nebenjob eingetragen und optisch durch einen Rahmen ausgeblockt. Jetzt sieht man sehr genau, wo man Zeitfenster hat, die man für Vor- und Nachbereitung nutzen muss. Es ist wichtig, sich diese nicht nur zu überlegen, sondern tatsächlich als feste Termine in seinen Arbeitsplan einzutragen. Der Mensch liebt Routine, d.h. je länger ihr euch an diese festen Lernzeiten haltet, desto weniger werdet ihr euch dagegen wehren. Am Ende ist es wie das Hände waschen, keine Lieblingsbeschäftigung, aber man macht es eben. Nur wenn man kontinuierlich dran bleibt, verhindert man, dass man den Faden verliert und es sammelt sich niemals ein Mount Everest an Arbeit an. Mit Sicherheit gibt es Tage, an denen man sich wirklich schönere Sachen vorstellen kann, als sich mit der Bearbeitung von Studienstoff zu beschäftigen. Aber spätestens am nächsten Tag wird man seine Faulheit zu spüren kriegen, denn dann hat man das Doppelte an Arbeit. Ich weiß nicht, wie es euch geht, aber für mich sind tägliche kleine Studienhäppchen besser zu verdauen als große Brocken. Ich bin insgesamt weniger gestresst und kann mir mehr merken.

Material

Das ist einer meiner Lieblingspunkte, denn Schreibwarenläden sind mein Disneyland. So viele bunte Dinge, mit denen man organisieren kann und ich will sie alle kaufen, auch wenn ich realistisch gesehen nur einen Bruchteil davon wirklich gebrauchen kann. Aber wer ist in seiner Sucht schon realistisch? Natürlich braucht man auch im Studium einen Platz für seine Mitschriften. Ich habe meine, wie in der Schule, weiterhin in Ordnern festgehalten, einfach weil das für mich sehr gut funktioniert hat. Versucht niemals etwas zu verändern, was schon perfekt funktioniert, denn das ist schlicht Zeitverschwendung. Fürs Studium habt ihr zwei Möglichkeiten: Entweder erstellt ihr einen Ordner für jedes Modul oder jede einzelne Veranstaltung (Seminar, Vorlesung usw.) oder einen Ordner pro Modul. Das ist praktisch, denn oft überschneiden sich die Themen-

Wenn ihr nicht nur richtig ins Semester einsteigen, sondern auch jeden Morgen gut in den Tag starten wollt, habe ich in diesem Video noch ein paar Tipps für euch.

→ Ihr braucht einen Arbeitsplan? Dann seht mal im Anhang nach.

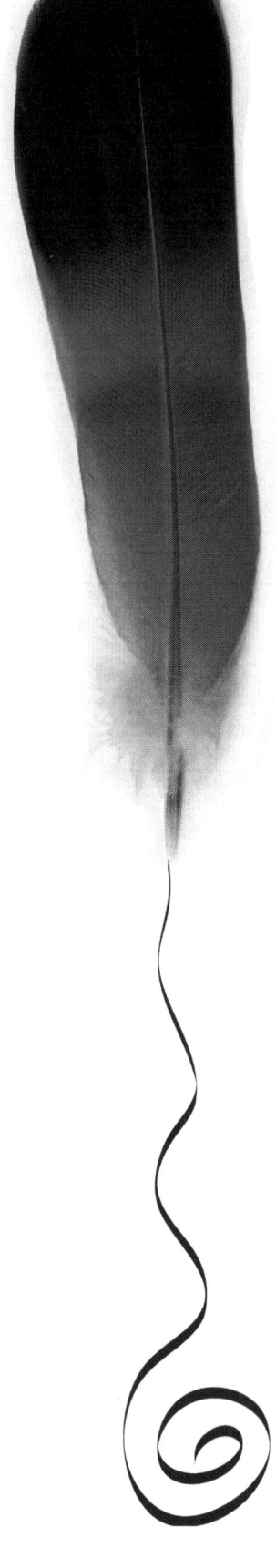

gebiete der verschiedenen Veranstaltung und es ist von Vorteil, wenn man im Seminar Information aus der Vorlesung zur Diskussion beitragen kann. Aber solche Modulordner sind sehr schwer und wenn man mehrere Veranstaltung an einem Tag hat, muss man manchmal zu Hulk werden, um alles transportieren zu können. Bei einem Ordner für jedes Seminar, jedes Tutorium und jede Vorlesung, müsst ihr weniger tragen und könnt gezielter mitnehmen, was ihr benötigt. Alle notwendigen Informationen zu den Veranstaltung habe ich auf Deckblättern für die verschiedenen Ordner festgehalten. Darauf war der Name der Veranstaltung vermerkt, welcher Dozent oder Professor sie hält, der Tag, die Uhrzeit und der Raum, in dem sie stattfindet, sowie die Sprechstundenzeiten des Dozenten und die entsprechenden Prüfungsleistungen, die man braucht, um erfolgreich abzuschließen. Innerhalb des Semesters gehen diese Informationen in Fleisch und Blut über, aber gerade am Anfang ist es angenehm und effektiv, sie so griffbereit zu haben.

Als nächstes würde ich euch empfehlen, Stifte kaufen zu gehen. Das klingt wie eine Banalität, aber Sehnenscheidenentzündungen tausender Studenten und Studentinnen geben mir Recht, dass das nicht ganz unwichtig ist. Gerade in Studiengängen, in denen ihr viel schreiben müsst, ist es wichtig, dass ihr einen Stift habt, der gut in der Hand liegt und leicht über das Papier gleitet. Für den einen ist das vielleicht ein Füller oder wie mein Opi gesagt hätte: Füllfederhalter. Tolles Wort! Die gibt es in verschiedenen Preiskategorien. Der Preis sagt aber nicht immer viel über die Qualität oder Funktionalität aus. Der teuerste Füller kann für euch unangenehm in der Hand sein, während der günstigste perfekt passt. Man kann es vielleicht ein bisschen vergleichen mit dem Kauf einer Jeans. Man sollte sie niemals kaufen, ohne sie anzuprobieren und entweder ist es bequem oder es zwickt. Gerade in kleineren Geschäften hat man oft die Möglichkeit, verschiedene Füller auszuprobieren und beraten zu werden. Ich persönlich war nie ein Füller-Mädchen. Meinen ersten richtig schönen hatte ich innerhalb von zwei Wochen zerstört. Ich bin wohl ein sehr engagierter Schreiber. Für mich waren daher immer Tintenroller besser. Sie gleiten leicht über das Papier und sind günstig, weshalb ich gleich mehrere davon besitzen konnte. Das ist nicht ganz unwichtig, denn Tintenroller verhalten sich bei mir wie Haargummis. Ständig welche gekauft und immer war nur einer auffindbar. Meine Theorie: Kobolde.

Der Trip in den Schreibwarenladen war jedes Semester für mich und meine Kommilitonen unser Startschussritual. Wenn man die notwendigen Stifte und das Papier hat, kann man ja auch gleich noch nach Klebezetteln und bunte Marker gucken. Wenn man will ...

Anwesenheitspflicht

Gerade für Erstsemester ist die Versuchung oft groß, nicht in die Vorlesung zu gehen. Nur selten gibt es eine Anwesenheitspflicht und sind wir mal ehrlich, bei schönem Wetter kann man den Stoff auch wunderbar auf der Wiese im Park nacharbeiten. Stimmt's? Leider ist das nicht so einfach. In fast jedem Studium wird in den ersten Semestern das Grundwissen vermittelt. Würdet ihr ein Haus bauen, wäre das euer Fundament. Wenn man diese Grundlagen gut verinnerlicht, wird man es in den nächsten Semestern deutlich leichter haben. Wenn ihr sie aber nicht oder nur halb in den Kopf bekommt, steht euer Wissensgerüst im

Schlamm, beim ersten Regen entsteht Treibsand und ... na ja, ihr könnt euch den Rest denken. Natürlich kann man mal eine Vorlesung nacharbeiten, aber lasst euch aus Erfahrung sagen: Das ist deutlich zeitintensiver, als sich einfach in die Veranstaltung zusetzen und mitzuschreiben, was euch mundgerecht präsentiert wird. Außerdem verhindert man, dass man das Nacharbeiten einfach ganz aus Versehen vergisst. Soll ja wirklich Leuten schon passiert sein.

Das erste Semester ist aufregend, gruselig und spannend zugleich. Nicht immer laufen die Dinge glatt. Arbeitet so gut an euch wie ihr könnt, verzeiht euch Niederlagen und bleibt neugierig.

Semesterstart auf einen Blick

- Ordner sortieren und sich von altem Ballast befreien.
- Bücher für das Semester bestellen.
- Termine für Prüfungen, Referate und Hausarbeiten in Kalender eintragen.
- Arbeitesplan erstellen.
- Trip in den Schreibwarenladen unternehmen und neues Arbeitsmaterial besorgen.
- Bleibt neugierig und nutzt die Studienangebote.

1. Planen

Wer hätte gedacht, dass das mein erster Tipp sein würde? Ich bin so unberechenbar. Zu wissen, was man am nächsten Tag schaffen muss, um seinem Ziel näher zu kommen, motiviert und fokussiert die Gedanken schon beim Aufstehen. Mit dem Wissen, warum man Dinge tun muss, ist man weniger ablenkbar und nicht versucht, erst die leichten, unaufwändigen Dinge zu tun, wenn eigentlich die unangenehme, große Aufgabe wartet.

2. Zeit einschätzen

Richtig einzuschätzen, wie lang eine To-Do-Liste sein kann, damit man sie schafft, ist eine Zauberkunst, die nicht jeder beherrscht. Um das zu trainieren, ist es hilfreich, sich eine Wochen-To-Do-Liste zu machen und neben jede Aufgabe zu schreiben, wie lange man voraussichtlich dafür brauchen wird. Meine anfänglichen Zeitangaben hätten Harry Potter überfordert, und ich musste mir immer wieder eingestehen, dass auch mein Tag nur 24 Stunden hat. Aber wenn man ein paar Mal drei von 74 Punkten auf seiner Liste abgehakt hat, versteht man ziemlich schnell, wo die eigenen Grenzen und Möglichkeiten liegen. Je besser man sein Arbeitstempo kennt, umso besser kann man einschätzen, wann man mit größeren Aufgaben anfangen muss und was realistisch gesehen machbar ist. Schließlich gibt es kein motivierenderes Gefühl, als am Ende der Woche entspannt seine To-Do-Liste abgearbeitet zu haben.

3. Motivation durch Timer

Je nachdem, was für eine Aufgabe vor einem liegt, kann man seinen Timer für 15 Minuten bis zu einer Stunde stellen. Damit verhindert man das Aal-Verhalten und statt tausend andere unwichtige Hügel zu erklimmen, macht man sich an die relevanten Berge. In dieser vorgegebenen Zeit muss man sich auf die Aufgabe konzentrieren. Erst wenn der Timer klingelt, hat man einen Moment, um die Gedanken schweifen zu lassen, bevor es an die nächste Etappe geht.

Strategien zum

Zeitsparen

Eure Zeit ist das Wertvollste was ihr habt, um erfolgreich zu sein. Wer Zeit hat, kann Dinge zu Ende denken, kann das bisschen Extra für ein Projekt machen und sich damit von anderen abheben. Die meisten von uns haben konstant das Gefühl, zu wenig Zeit zu haben und alles im Stress tun zu müssen. Aber tatsächlich haben wir alle gleich viel Zeit an einem Tag: Frau Merkel, ihr und Frau Krause mit den 12 Kindern. Die einen nutzen ihre Zeit klug und effektiv – die anderen nicht.

4. E-Mails

Wie viele andere Dinge gehören auch E-Mails zu den geschickten Dieben, die uns still und heimlich die Zeit aus der Tasche ziehen. „Nur noch mal kurz Mails checken" kann plötzlich zu einer Tagesaufgabe werden, von der man einfach nicht mehr loskommt. Dozenten schicken Pläne rum, Referate werden koordiniert, Mama fragt nach dem neuen Freund, Papa fragt, warum man so anders ist, weil er noch nicht von dem neuen Freund weiß. Wenn ihr das auch bei euch bemerkt, richtet euch feste Mailzeiten ein: Vielleicht beim Morgenkaffee und nach dem Abendbrot für jeweils 30 Minuten. Das hilft dabei, konzentriert und effektiv die Mails durchzugehen und die meisten kurz und knackig zu beantworten, ohne den halben Tag damit zu verbringen. Anschließend einfach das Mailprogramm schließen und sich anderen Dingen widmen.

5. Hilfsmittel

Liebt ihr Cheats in Computerspielen und Joker in Kartenspielen genauso wie ich? Dann solltet ihr euch nach Tools umsehen, die das Gleiche für euer Zeitmanagement tun. Das können Apps oder auch Programme für den Rechner sein, die einem beim Planen und Projektmanagement helfen. Ich persönlich liebe das kostenlose *Trello*. Diese Seite bzw. App hilft einem einen guten Überblick über alles zu behalten. Gerade für Projekte, an denen mehrere Personen arbeiten, wie Referate, ist es wunderbar unkompliziert. Man meldet sich einfach kostenlos an, fügt Gruppenmitglieder dazu, teilt Dateien miteinander und alle können gemeinsam daran arbeiten. Jeder sieht, was der andere tut, wie weit er mit seinen Aufgaben ist, ob es irgendwo Probleme gibt und wann die Deadline ist. Gleichzeitig kann man die Eingaben auch in einer App einsehen, wenn man unterwegs ist. Alles auf einen Blick, schnell und einfach und das nicht nur für super wichtige Studienaufgaben, sondern auch schöne Dinge wie Geburtstagspartyplanung usw.

→ *trello.com*

Trello ist ein Programm zur Projektplanung, mit dem sich Ideen, Checklisten, Termine, Deadlines auf einer virtuellen Pinnwand anordnen und mit dem Team teilen lassen.

6. Sich selbst gut kennen

Psst. Hey! Du da! Hier gibt es noch mehr super geheime Tipps zum Zeitsparen. Klick!

Allgemein kann man sagen, dass Menschen ein paar Mal am Tag sehr gute Konzentrationsphasen haben. Die Leistungskurve zeigt Leistungshöhepunkte zwischen 8 Uhr und 11 Uhr und zwischen 18 Uhr und 21 Uhr. Auf mich trifft diese allgemeine Angabe fast genau zu, während Freunde von mir ganz anders ticken. Beobachtet euch selbst und findet heraus, wann ihr am aufnahmefähigsten seid und wann euch Aufgaben leichter fallen als sonst. Auf diese Weise kann man schwierigere Aufgaben in guten Konzentrationsmomenten erledigen und für die schwachen Zeit, in denen man viel Koffein braucht, um sich überhaupt an den eigenen Namen zu erinnern, widmet man sich den leichteren.

Strategien zum Zeitsparen auf einen Blick

- Zeit effektiv auf verschiedene Aufgaben aufteilen
- Aufgaben erkennen und Prioritäten setzen
- Realistisch den Umfang von Aufgaben einschätzen
- Timer nutzen, um sich auf das Wesentliche zu konzentrieren
- Feste Mailzeiten
- Programme und Apps nutzen, um Gruppenarbeit zu optimieren
- Die eigenen Konzentrationsphasen kennen und nutzen

Der wöchentliche Neustart

Der Montag mit seinem fiesen Gegrinse ist mein Todfeind. Nicht, weil dann eine neue Woche voller Arbeit startet, sondern weil ich immer das miese Bauchgefühl habe, ich könnte was Wichtiges vergessen haben. Nach einem Wochenende voller Gehirn-aus, finde ich am Montag oft den Schalter nicht. Es sei denn mein bester Freund Sonntag nimmt mich an die Hand und bereitet die Woche ein klein wenig mit mir vor. Der Sonntag ist wie mein Spickzettel vor einer großen Prüfung. Mit ein klein wenig Zeit und winzigen Schlumpfschritten gehe ich Sonntag entspannter ins Bett und stehe Montag vorbereitet und bereit für die neue Woche auf. Das wollt ihr auch? Dann weiterlesen!

Schreibtisch

Zuerst zeige ich meinem Arbeitsplatz etwas Liebe. Der Gute wurde über die Woche benutzt und beschmutzt und manchmal sammelt sich in der Freitags-Mir-Alles-Egal-Es-Ist-Wochenende-Euphorie doch ein bisschen Unordnung auf ihm an. Generell verständlich und gar nicht schlimm, aber an sowas will man sich nicht in der Montagsstimmung ransetzen müssen. Also nehme ich mir zehn Minuten Zeit, räume das Papier weg, sortiere es ein und bitte meine Heinzelmännchen, alles wieder an seinen Platz zu legen. Klappt nicht immer, manchmal muss ich es selbst machen. Dann wische ich einmal über die Arbeitsfläche, damit alles einladend aussieht. Wenn ihr Pflanzen an eurem Schreibtisch habt, gebt ihnen den Regentanz und dekoriert ein bisschen mit Kerzen oder frischen Blumen. Euer Schreibtisch ist gerade im Studium der Ort, an dem ihr euch am meisten aufhaltet, also sorgt dafür, dass ihr gern dort seid.

Planungsvorbereitung

Anschließend beginnt meine persönliche Planungszeit, die ich mir so schön gestalte wie ich kann. Ich mache mir einen Kaffee oder Tee, suche mir etwas Leckeres zum snacken, mache mit Kerzen oder Musik eine entspannte Stimmung und schnappe mir Zettel und Stift. Ihr könnt euer Sonntagsritual natürlich auch ohne all das starten, aber das macht nur halb so viel Spaß.

Ziele

Wer weiß, wohin die Reise geht, kommt seltener vom Weg ab. Ach Rotkäppchen, hättest du das gewusst! Für mich ist es sehr wichtig geworden, mir jeden Sonntag aufzuschreiben, was ich in der nächsten Woche erreichen will. Das können kleine Dinge sein, wie „endlich die Bilder an die Wand bringen" oder größere wie „das Durcharbeiten von Kapitel XY beenden." Für aufwändigere

Projekte oder umfangreichere Aufgaben mache ich mir extra Listen, auf denen ich die einzelnen Schritte festhalte, die nötig sind, um diese Dinge zu erledigen. Rotkäppchen hätte sich also für ihr Ziel „Kuchen essen mit Großmutter" aufgeschrieben:

- ✳ Wolfsmutter anrufen und Wolf verpetzen, damit er Stubenarrest bekommt
- ✳ Korb besorgen
- ✳ Kuchen und Wein von Mama abholen
- ✳ Großmutter ein Haus außerhalb eines Waldes mit geisteskranken Wölfen kaufen
- ✳ Blumen im Blumenladen besorgen
- ✳ den Weg nicht verlassen
- ✳ Haus der Großmutter betreten und abschließen

Das hätte ihr so viel Ärger erspart!

Sich selbst zu überholen ist motivierender als hinterherzuhinken.

Sonntags gucke ich mir dann meine To-Do- und Projektlisten an und entscheide, welche Aufgaben in der kommenden Woche erledigt werden sollen und was auf meine Zielliste gehört. Jetzt sieht man sehr gut, was erledigt werden will, und man kann die Aufgaben auf die einzelnen Wochentage verteilen. Nehmt euch aber nicht zu viel vor, denn was haben wir gelernt? Sich selbst zu überholen ist motivierender als hinterherzuhinken.

Dieses Sonntagsplanen ist für mich schon zu einem richtigen Ritual geworden, ohne das ich mich nicht mehr vollständig fühle. Sonntagabend mit dem Wissen ins Bett zu gehen, dass die Woche organisiert startet, gibt einem nicht nur ein sehr gutes Gefühl, sondern auch 'nen ganzen Korb an Motivation.

Ich mache das alles jeden Sonntag und nenne es liebevoll „mein Sonntagsritual". Wenn ihr sehen wollt, wie das bei mir genau aussieht, könnt ihr das in diesem Video sehen.

Mitschriften

Bevor ich euch irgendeinen Tipp zu Mitschriften gebe, lasst mich mal mit meiner Realitätsnadel an eure Alles-wird-perfekt-Seifenblase: Wenn ihr mit der Vorstellung ins Studium geht, immer handschriftlich saubere und grundsätzlich sortierte Mitschriften zu haben, seid so gut und schmeißt sie über Bord. Natürlich gibt es Mittel und Wege, die Notizen übersichtlich zu gestalten, aber manchmal kommt einem der Dozent in die Quere. Dummerweise sind das auch nur Menschen, die mal den Faden verlieren, denen zwischendurch mal ein Gedanke kommt, den sie hier und da ergänzen. Solche Kleinigkeiten sorgen dann für Chaos auf dem Blatt, aber bitte lasst euch davon nicht stressen. Es muss nicht immer alles perfekt sein, damit man Erfolg hat.

Es muss nicht immer alles perfekt sein, damit man Erfolg hat.

Während der Veranstaltung passieren oft sehr viele Dinge gleichzeitig. Es werden Informationen in den Raum geblasen, die gerade morgens nur die Hälfte der Studenten aufnehmen kann, weil der Mensakaffee selten stark genug ist. Jemand stellt eine kluge Frage oder auch nicht, es werden Literaturangaben, Hinweise auf Klausuren und Prüfungen gegeben, man selbst bekommt einen Gedanken in den Kopf, den man später hinterfragen will und natürlich all das gleichzeitig. Im Idealfall sollten die Mitschriften alle wichtigen Informationen und Gedanken beinhalten, die in den Raum geworfen werden. Je besser eure Mitschriften sind, desto weniger Arbeit habt ihr mit der Nachbereitung und Prüfungsvorbereitung. Schnürt dieser Gedanke euch die Kehle zu? Mir ging das definitiv so, und – ganz ehrlich – sahen meine Mitschriften zum Anfang wie abstrakte Kunstwerke aus, die meine Gedanken eher nicht sortiert haben. Aber wenn man mit kleinen Tricks arbeitet, um alles übersichtlicher zu gestalten, ist es halb so schlimm. In diesem Abschnitt zeige ich euch, was ich gemacht habe, um alles unter einen Kaffeedeckel zu bekommen.

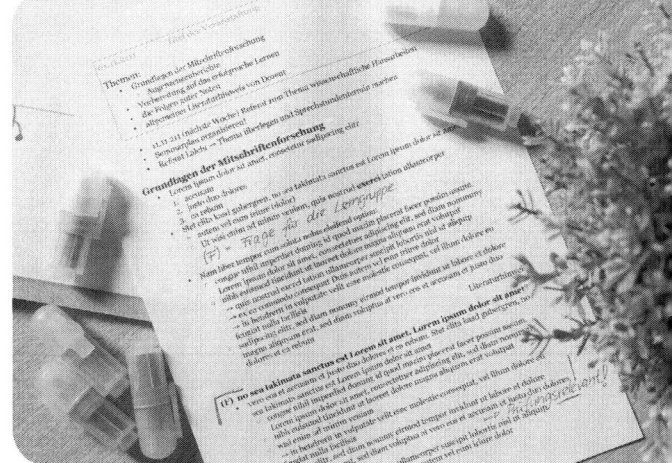

Mehr denken, weniger Schreiben

Die erste Sache, die ihr euch klar machen müsst, ist, dass Mitschriften keine Wort-für-Wort Kopie dessen sind, was in den Veranstaltungen gesagt wird. Klar, klingt es erstmal wunderbar, dass man so natürlich wirklich alle Informationen hat und demnach ganz sicher nichts Wichtiges überhört hat. Genau das war oft meine Angst. Aber lasst es euch von einem ehemaligen Mitschriftenmessie sagen: Ihr werdet in Papierkram und unnötigen Informationen untergehen und irgendwann mit irrem Blick nackt durch die Uni laufen ... na ja, so dramatisch wird's vielleicht doch nicht. Erspart euch einfach viel Zeit und Nerven, indem ihr während der Veranstaltung vor allem versucht mitzudenken. Wenn man versteht, worum es geht, dann weiß man auch, welche Informationen wichtig sind und versteht im Anschluss seine Notizen. Man sollte meinen, das ist selbstver-

Mitschriften des Gesagten sind keine Wort-für-Wort Kopie.

ständlich, aber ich hatte während der ersten zwei Semester Mitschriften, die ich nach zwei Wochen nicht mal mehr eindeutig einem Modul zuordnen konnte.

Handschrift oder Laptop

Die zwei sinnvollsten Varianten für das Festhalten von Informationen sind für mich das Handschriftliche, also ganz oldschool mit Zettel und Stift und das Festhalten mit dem Laptop. Ich hatte auch Kommilitonen, die Tafelbilder per Smartphonefoto festgehalten haben, aber das waren grundsätzlich die, die kurz vor der Prüfungen nur mal ganz kurz meine Aufzeichnungen ausborgen wollten und dann alles kopieren gegangen sind. Bleibt also fraglich, ob das so eine sinnvolle Methode ist. Wie immer hat alles Vor- und Nachteile. Ich habe eine relativ große Schrift und schreibe sehr langsam. Das ist mir in der Schule schon so einige Male auf die Füße gefallen. Ella saß wie eine Debile in der letzten Reihe und hat wieder den zweiten Teil des zwölften Satzes nicht mitbekommen, weil sie noch das vierte Wort des ersten Satzes geschrieben hat. Wenn ihr aber handschriftlich gut hinterher kommt, schnappt euch einen Zettel und einen Stift und los geht's. Sehr viele Menschen behalten besser im Kopf, was sie sich per Hand aufgeschrieben haben. Ich beobachte immer wieder, dass ich so einfach meine Gedanken besser sortieren kann und Zeit zum Abspeichern habe. Bei dieser Variante ist es wichtig, dass ihr die richtigen Stifte findet. Sie sollten gut in der Hand liegen und möglichst leicht über das Blatt gleiten. Ich konnte zum Beispiel nichts mit Kugelschreibern anfangen und hab eher Tintenroller oder Fineliner benutzt. Eine Kommilitonin hat bis zum Schluss auf ihren Füller geschworen. Wenn ihr wie ich ein eher langsamer Schreiber seid, werden euch Abkürzungen helfen. Es gibt natürlich

und	u, &
oder	o, /
entweder	entw
vielleicht	vllt
gleich	=
das bedeutet	=
Jahr	J
nicht	nht, ≠
Nummer	#
mindestens	mind
weniger als	<
mehr als	>
Artikel (der, die das)	d

für jedes Studienfach auch eigene für die verschiedenen Fachbegriffe, die man sich aneignen kann, um Zeit zu sparen. Neben den gängigen wie &, = und vllt könnt ihr euch mit der Zeit auch eure eigenen überlegen.

Ich bin zwei Semester und drei Sehnenscheidenentzündungen später auf meinen Laptop umgestiegen. Das war mein Durchbruch, weil ich endlich alles mitschreiben konnte, was mir wichtig erschien. Nicht jeder Dozent sieht es gern, wenn Studenten mit Laptop vor ihm sitzen, denn sie fürchten, oftmals ja auch zu Recht, den Kampf um die Aufmerksamkeit des Studenten mit Facebook und Co. Aber die wenigsten verbieten sie in ihren Veranstaltungen. Ideal sind Laptops, die entweder sehr klein oder groß und trotzdem leicht sind und eine gute Akkulaufzeit haben. So macht man seine Tasche nicht unnötig schwer und kann unabhängig davon, wo die Steckdosen sind, seinen Sitzplatz im Raum wählen.

Mindmaps und Übersichten, die nicht so einfach digital übernommen werden können, weil sie z.B. mit

Information werden besser im Gedächtnis behalten, wenn man sie per Hand statt mit dem Computer aufschreibt.

Kleiner Tipp: Wenn ihr wisst, dass ein Dozent beim Thema Laptop empfindlich ist, geht vor der Veranstaltung zu ihm hin und bittet um Erlaubnis. Ist vielleicht unangenehmen und fühlt sich unnötig an, wird aber definitiv für bessere Stimmung sorgen.

vielen Pfeilen funktionieren, habe ich mir ganz einfach mit Zettel und Stift festgehalten. So kann man anschließend die Übersicht ganz einfach einscannen und in sein Dokument einfügen. Eine digitale Mitschrift sollte allerdings nicht ausschließlich digital benutzt werden. Ich habe mir meine Mitschriften in der Nachbereitung einmal ausgedruckt und handschriftlich meine Recherchen, Fragen und Gedanken darauf festgehalten. Gerade in der Nachbereitung geht es ja um das lückenlose Verstehen und Lernen, und da finde ich persönlich per Hand schreiben produktiver.

Am Ende ist es eure Entscheidung, wie ihr eure Mitschriften machen wollt. Probiert vielleicht beides mal aus, um zu sehen, was besser für euch funktioniert. Wer dazu neigt, in perfektionistischen Anfällen ganze Seiten nochmal neu abzuschreiben, weil die nicht hübsch genug waren – ja, solche seltsamen Menschen kenne ich sehr gut und treffe sie jeden Morgen im Spiegel ...*räusper* – der sollte den Laptop der Handschrift vorziehen. Wer zu leicht ablenkbar ist, also neben der Geschichte der Menschheit auch noch den Amazoneinkauf managet, sich hinterher aber wundert, dass er statt dem coolen Rucksack einen Neandertaler bestellt hat, sollte auf den Laptop verzichten. Seid da einfach ehrlich zu euch.

Übersichtlichkeit

Während des Semesters macht man so viele Mitschriften und bekommt so viel Material, dass es sehr angenehm ist, wenn man mit einem Blick weiß, wozu diese Informationen gehören und welches Material verwendet wurde. Vor dem ersten Stichpunkt hat mein Blatt eine Kopfzeile verpasst bekommen. Da habe ich oben fett den Namen des Moduls und der Veranstaltung festgehalten. Dann natürlich das Datum, eventuell einen Platz für den Hinweis auf ein Arbeitsblatt, das in der Veranstaltung ausgeteilt wurde oder einen Text, der relevant war. Außerdem Platz für eine kurze Zusammenfassung der Veranstaltung in Schlagworten, die ich in der Nachbereitung ergänzt habe. Auf diese Weise findet man beim Lernen sehr schnell, was man sucht und man zwingt sich, alles nochmal zu durchdenken.

Markieren

Wie war der Spruch? Jungs studieren, Mädchen malen aus und unterstreichen bunt. Absolutes Klischee natürlich, aber ich muss zugeben, dass mich markieren, Rahmen malen und wichtig unterstreichen schon sehr glücklich macht. Ich habe aber für mich festgestellt, dass es am produktivsten ist, die Mitschriften erstmal nur in einer Farbe zu halten und sie bei Bedarf in der Nachbereitung farblich zu markieren. Für mich ist schwarz immer am passendsten, weil es gut zu meiner Koffein-Seele passt und dadurch farbliche Markierungen später besser zu Geltung kommen. Ihr könnt euch aber auch für eine ganz andere Farbe entscheiden, wichtig ist am Ende nur, dass euch das Blatt optisch anspricht, denn hässliche Dinge nimmt man ungern in die Hand und starrt über Stunden darauf.

Recherchehilfen

Dozenten geben gern mal ganz nebenbei Literaturhinweise. Zu Anfang hab ich die glatt überhört und manchmal kann man das auch, wenn der Dozent das hundertste Mal sein eigenes Buch bewirbt, aber oft erspart man sich unheimlich viel Arbeit, wenn man diese Hinweise einfach mitschreibt. So hat man sie an der richtigen Stelle im Kontext und wenn man in der Nachbereitung oder der Vorbereitung für eine Hausarbeit oder Klausur Fragen hat oder Informationen sucht, hat man die schon gefunden. Mich persönlich hat es aber im Lesefluss gestört, überall diese Literaturhinweise zu haben, also hab ich sie in Schriftgröße 10 an den rechten Rand verbannt, wo sie brav Platz machen und im Supermankostüm auf ihren großen Auftritt warten.

Fragen

Fragen können auch eine große Hilfe sein und ich habe sie mir grundsätzlich mit diesem (F) Symbol davor notiert. Es ist schnell getippt und schnell gefunden. Stellt der Dozent Fragen in den Raum, sind es potenzielle Prüfungsfragen, die man in der Vorbereitung beantworten können sollte. Meist wird die Antwort dazu noch im Seminar oder der Vorlesung geliefert und man kann sie gleich dazuschreiben. Ich habe Dozentenfragen immer dick markiert, um sie schnell wiederfinden zu können. Aber auch die eigenen Fragen sind wichtig und ich, mit meinem langen weißen Bart, würde euch empfehlen, sie auch festzuhalten. Wenn ihr etwas in dem Moment nicht versteht, es aber nicht fragen könnt, weil die Situation keine Fragen erlaubt oder weil es manchmal etwas gruselig sein kann, bestimmte Fragen zu stellen, könnt ihr sie erstmal schriftlich festhalten, um sie nicht zu vergessen und entweder in der Nachbereitung oder der Sprechstunde des Dozenten zu klären. Schreibt man diese Fragen nicht auf, vergisst man sie einfach und im „Idealfall" treten sie dann am Abend vor der Prüfung wieder auf und man hat keine Zeit mehr, sich darum zu kümmern.

PowerPoint Präsentationen

In einigen Studiengängen sind sie beliebter als in anderen, die PowerPoint Präsentationen. Einerseits sind sie praktisch, weil die wesentlichen Punkte meist darauf festgehalten sind und sie vom Dozenten bereitgestellt werden, andererseits verleiten sie dazu, weniger bis gar nicht mehr mitzuschreiben. Manchmal, nur manchmal, fängt man dann an, ein klein wenig die Aufmerksamkeit sinken zu lassen. Der Blick schweift. „Oh süßer Kommilitone ... Moment, was hat er gerade über die Klausur gesagt?" Präsentationen können hilfreich sein, wenn man sie richtig nutzt. Wenn der Dozent sie vor dem Seminar oder der Vorlesung bereitstellt, druckt euch die einzelnen Folien jeweils auf eine Seite aus. Viel Papier? Vielleicht! Aber es gibt euch genug Platz, um Notizen zu den jeweiligen Folien zu machen, die euch später helfen zu verstehen. Nutzt den Platz für Erklärungen, Beispiele oder auch Fragen, die ihr zu dem Thema habt.

Die Nachbereitung

Gut geführte Mitschriften sind die halbe Miete und können euch sehr viel Zeit ersparen. In der Nachbereitung geht es dann darum, den Stoff zu verstehen. Hier ergänze ich in meiner Kopfzeile die passenden Schlagworte, drucke meine Mitschrift aus und bearbeite sie handschriftlich. Das gibt mir die Zeit, Dinge beim Ergänzen durch den Kopf gehen zu lassen, und es hebt meine Nachberei-

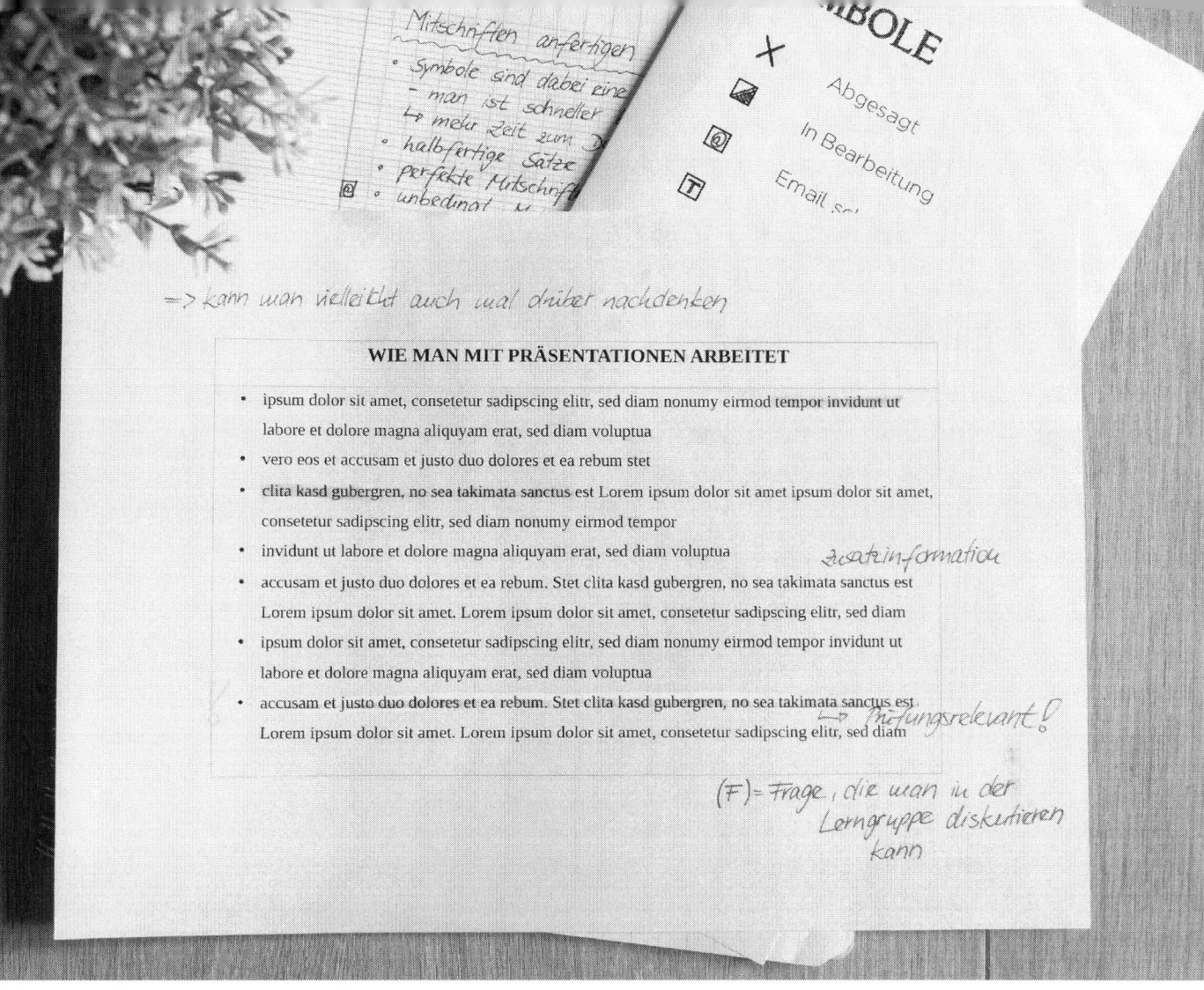

tung optisch von der Veranstaltung ab. Im Zweifel ist es interessant zu wissen, welche Aufzeichnungen von welcher Quelle kommen.

Symbole können grundsätzlich auch sehr hilfreich sein und zur Übersichtlichkeit beitragen, gerade wenn man Mitschriften wirklich als Arbeitsgrundlage sieht. Ich habe mir am Anfang des Studiums für verschiedene Dinge ein Symbol überlegt und mir für jeden Ordner die Legende gebastelt, damit ich sie immer vor Augen haben kann. Nach sechs Wochen hatte ich die Symbole verinnerlicht und konnte innerhalb kürzester Zeit meine Notizen nach Informationen durchsuchen. Aufgaben zum Beispiel, die zu erledigen waren, haben ein Viereck bekommen. Viele Dozenten geben auch Hinweise auf interessante Veranstaltungen, wie zum Beispiel Vorträge zu relevanten Themen oder Tagungen. Die habe ich als Erinnerung in meine Mitschriften aufgenommen und mit einem Kreis versehen. Dinge, die ich in der Lerngruppe besprechen will, habe ich mit einem Dreieck gekennzeichnet.

Manche Menschen macht so eine Symbolik wahnsinnig und sie denken über ein Mitschriftenlagerfeuer nach, für andere ist sie unheimlich hilfreich. Probiert es einfach mal aus. Wenn ihr mögt, könnt ihr meine Symbole übernehmen oder ihr sucht euch eigene, die für euch logischer sind. Auch hier gilt: Was gefällt, funktioniert meist.

Um die vielen Informationen verinnerlichen zu können, ist es wichtig zu filtern. Neben den zusammenfassenden Schlagworten solltet ihr die einzelnen Abschnitte mit Überschriften versehen. Die wichtigsten Fakten, Schlüs-

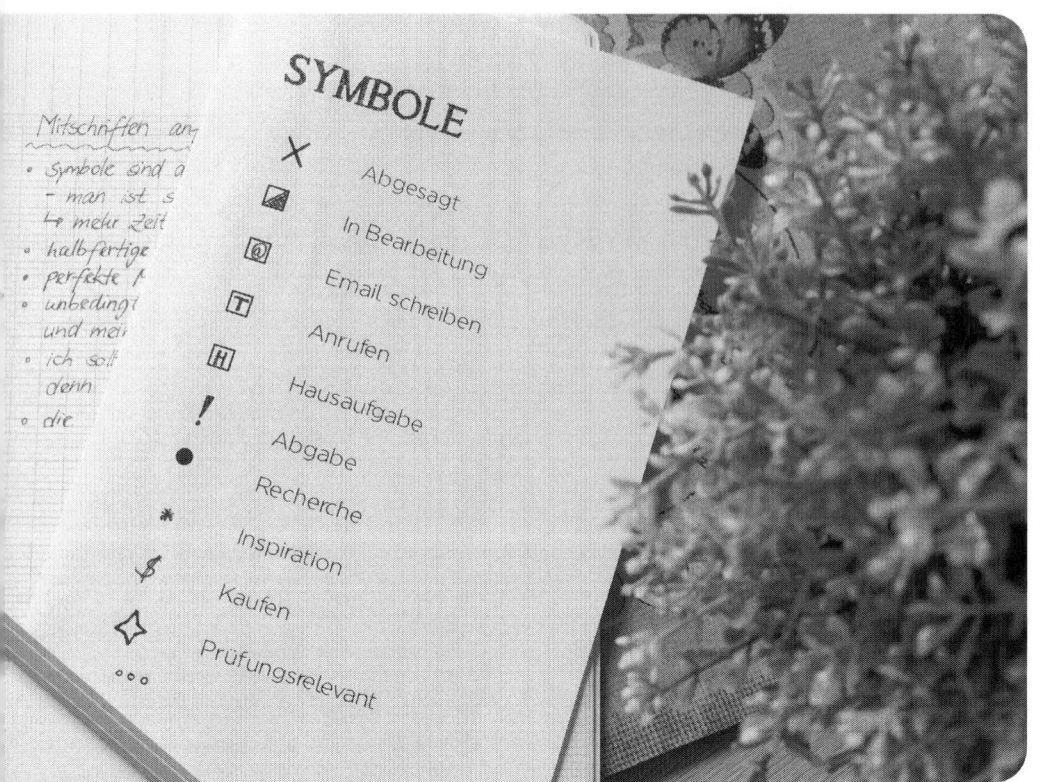

selideen, Begriffe und Definitionen markieren oder falls nötig nochmal zu resümieren. Wenn euch das zu trocken ist oder eurer Mitschrift die Verständlichkeit nimmt, denkt mal über ein Übersichtsblatt nach, auf dem ihr die wichtigsten Informationen grob zusammenfassen könnt. Das kann in Form von Tabellen sein oder einer einfachen Mindmap. Das ist ein bisschen mehr Arbeit, aber so habt ihr es euch wirklich durch den Kopf gehen lassen und was da einmal eingezogen ist, zieht so schnell nicht mehr aus.

Informationen oder Themengebiete, die der Dozent mit einem Augenzwinkern Richtung Prüfung präsentiert hat, kann man auch einrahmen oder anders hervorheben, um sie beim Lernen nicht zu übersehen. Wichtig ist dabei nur, dass ihr nicht übertreibt, denn das Wichtigste ist die Übersichtlichkeit. Fragen, die während der Veranstaltung in den Kopf gekommen sind, sollte man mit der passenden Literatur beantworten. Manchmal hat man allerdings keine Idee, wo man suchen soll oder die eine Bibliothekarin hat Dienst, die einem immer den Kopf abbeißt, wenn man eine Frage hat. An dieser Stelle ist es klug, dem Dozenten eine Mail zu schreiben und nach passender Literatur zu fragen oder sich mal in der Lerngruppe umzuhören, ob jemand fündig geworden ist. Ist man selbst der glorreiche Schatzfinder, ist es natürlich hilfreich, seinen Fund mit der Gruppe zu teilen. Wenn das alle machen, ist man grundsätzlich schneller fertig und besser vorbereitet, denn mehr Köpfe finden auch mehr.

Manchmal hat man nach dem Durcharbeiten trotzdem noch Dinge, die einem nicht klar sind. Die kann man sich mit rot an den Rand schreiben, um sie bei nächster Gelegenheit einem anderen klugen Kopf zu stellen. Wenn das Blatt jetzt übersichtlich bunt und alles verstanden ist, kann man es sich zwei mal laut durchlesen und ist erstmal fertig. Natürlich könnt ihr euch auch gleich hinsetzen und alles auswendig lernen, aber abhängig vom Studiengang ist es meist wichtiger alles verstanden zu haben, erklären zu können und regelmäßig durchzulesen. Das reine In-den-Kopf-klopfen kommt früh genug und ist leichter, wenn eure Notizen nicht nur ordentlich eingeheftet, sondern inhaltlich verstanden sind.

Bearbeiten

von Literatur

Ich hab schon in der Schule immer viel zu lange gebraucht, um einzelne Kapitel eines Buches in Stichpunkten festzuhalten und zu verstehen. Fast alle waren vor mir fertig mit dem Bearbeiten und ich war sicher, dass es in meinem Gehirn die Buch-schnell-durcharbeiten-Funktion nicht gibt. Also hab ich akzeptiert, dass es mich mehr Zeit als andere kostet und versucht, mein vermeintliches Defizit mit Fleiß auszugleichen. Im Studium steht man damit aber schnell vor einem großen Problem, denn Zeit ist rar und die Literaturberge sehr anhänglich. In den meisten Studiengängen ist Literatur die Grundlage für jede Vorlesung, jedes Seminar und natürlich das Erweitern des eigenen Horizontes. Wer verstehen will, muss lesen und wer liest, muss verstehen. Also hab ich kluge und schnelle Leser nach ihren Tipps gefragt und war erleichtert festzustellen, dass auch anderen Studenten die Arbeit am Textbuch nicht leicht fällt. Wenn es ans Studieren geht, ist aber genau das die beste Möglichkeit, um fundierte Informationen zu bekommen, die einem wirklich weiterhelfen. Shocking News: Wikipedia ist nicht die beste Quelle on se Planet. Es ist also hilfreich zu wissen, wie man effektiv Notizen zu einem Buch macht.

Shocking News!
Wikipedia ist nicht
die beste Quelle on
se Planet.

Dafür muss man loslassen und sich von der Angst lösen, dass die wichtigste Information hinter jedem Wort lauern kann und man sie mit dem Stift erlegen muss. Während man die einzelnen Kapitel liest, hilft es sehr, wenn man gleichzeitig den Inhalt versteht. Das Wichtigste ist meiner Meinung nach nicht, nur Informationen festzuhalten, die man sich später einprägt, sondern wirklich zu verstehen, was da steht. Das spart nicht nur Zeit beim Aufschreiben, denn sind wir mal ehrlich, die meisten von uns haben schon mal ganze Sätze aus Büchern rausgeschrieben. Wer wirklich verstanden hat, braucht beim Lernen nur noch Lücken zu füllen.

Bevor ich mit dem Bearbeiten eines Buches beginne, schreibe ich mir grundsätzlich die *genaue Quelle, also Autor, Titel, Verlag und Zeitpunkt der Veröffentlichung,* oben in meiner Kopfzeile. Das hilft mir später beim Einordnen der Informationen, denn manchmal hat man gerade erfolgreich ein Buch oder einen Artikel bearbeitet und dann wird in der Vorlesungen plötzlich erwähnt, dass diese Ideen oder Informationen inzwischen überholt sind. Mit der Quellenangabe weiß ich sofort, welche Informationen ich also kritisch betrachten muss und kann mir ggf. einen Hinweis dazuschreiben. Außerdem habe ich beim Schreiben einer Hausarbeit die relevanten Informationen gleich griffbereit, kann sie einordnen und wenn ich sie verwende, einfach ins Quellenverzeichnis übertragen. Das ist eine gute Sache, denn ihr könnt euch nicht vorstellen, wieviel Zeit man mit dem Raussuchen von Quellen verlieren kann.

Nach dem Lesen jedes Absatzes ist es hilfreich, sich zuerst mal die *wichtigsten Worte und Phrasen aufzuschreiben,* die die Informationen zusammenfassen. Damit hat man mehrere kleine Überschriften, die alles sehr übersichtlich machen, einen zwingen, sich die Informationen zu merken und zu durchdenken. Selbst, wenn es ein beruhigendes Gefühl vermittelt, ganze Absätze zu kopieren, ist das eindeutig Zeitverschwendung. Den Absatz habt ihr vor euch im Buch und könnt ihn bei Bedarf immer wieder raussuchen, um nochmal etwas nachzulesen. Die Notizen sind lediglich eure Gedächtnisstütze und Erinnerung an den Inhalt. Für diejenigen, die trotzdem noch nervös sind, beim Festhalten von Informationen kann es beruhigend sein, sich neben die wichtigsten Informationen die *Seitenzahlen der Quelle zu notieren.* Wenn man beim Lernen dann doch das Gefühl bekommt, das ein Fakt fehlt, der beim Verstehen hilft, muss man nicht lange suchen und weiß, wo genau man noch mal Nachlesen kann.

Um sich schon während des Schreibens Dinge einzuprägen, hilft es vielen, wenn sie dabei laut mitsprechen, was sie aufschreiben. Zum einen hört man die Informationen gleichzeitig und das Gehirn kann sie leichter aufnehmen, und zum anderen muss man sich darauf konzentrieren, was man aufschreibt. Man merkt vielleicht nicht immer, wenn man Unsinn aufschreibt, aber definitiv wenn man ihn sich selbst erzählt. Allerdings solltet ihr das nicht unbedingt beim Lernen in der Bibliothek tun, sonst könnte es … na ja, Konflikte geben.

Diagramme und Grafiken sind eure besten Freunde, denn sie fassen oft zusammen oder verdeutlichen, was in den letzten Absätzen formuliert wurde. Schaut sie euch genau an, um zu verstehen und übertragt sie im Zweifelsfall. Viele meiner Kommilitonen konnten sich in Klausuren trotz Blackout an genau diese Bilder erinnern und damit doch noch verschüttete Informationen freibuddeln. Wenn es keine Grafiken oder Übersichten gibt, kann man sich auch wunderbar selbst welche machen und dort alle relevanten Informationen festhalten. Außerdem ist es wichtig, das gerade Erarbeitete in Zusammenhang mit dem zu setzen, was in der dazugehörigen Veranstaltung besprochen wurde. Damit schließt man meist den Kreis und kann Dinge in Zusammenhang setzen. Auf diese Weise bringt man die Informationen auch im Kopf zusammen und kann am Ende ein gutes Bild davon zeichnen, worum es geht und was relevant ist. Obwohl man all das getan hat, gibt es doch für jeden von uns Themen, die wir selbst nicht ausreichend verstehen können. Das ist kein Beinbruch. *Notiert euch einfach eure Fragen oder Unklarheiten* und stellt sie in eurer Lerngruppe oder dem Dozenten. Manchmal ist diese Frage schon jemand anderem gekommen und manchmal haben andere Fragen, die man sich selbst nie gestellt hätte. Je mehr man zusammenarbeitet, umso mehr erfährt und hinterfragt man.

Zum Abschluss würde ich die *relevantesten Konzepte, Ideen und Informationen farbig markieren,* um sie hervorzuheben und auf einen Blick sichtbar zu haben, wenn man sich die Aufzeichnungen das nächste Mal ansieht.

Das alles klingt aufwändiger als es ist und wenn man sich darauf einlässt, wird man schneller ans Ziel kommen, als wenn man sich selbst zum Kopierer macht.

- Quelle (Autor, Titel, Verlag und Zeitpunkt der Veröffentlichung)
- wichtigsten Worte und Phrasen aufzuschreiben
- Seitenzahlen der Quelle zu notieren für spätere Referenz
- Diagramme und Grafiken
- Fragen oder Unklarheiten
- relevantesten Konzepte, Ideen und Informationen farbig markieren

*Literatur-
bearbeitung auf
einen Blick*

Referate

Referate sind eine wunderbare Möglichkeit, um sich selbstständig und intensiv in ein Thema einzuarbeiten. Anders als das reine Erarbeiten von Informationen zu bestimmten Themen muss man für Referate noch ein bisschen gründlicher sein, denn schließlich muss man sie präsentieren und gegebenenfalls erklären können. Hinterher hat man dann das tolle Gefühl, vollkommen im Thema zu stecken. Wenn ich auf meine Studienzeit zurück gucke, sind das die Informationen, die ich immer noch sicher im Kopf hab. Meist werden Referate direkt nach dem Austeilen des Seminarplans in der ersten Sitzung verteilt. Das gibt euch nur wenige Minuten, um euch einen Überblick über die möglichen Themen zu verschaffen. Das größte Auswahlkriterium sollte euer Interesse sein. Ist ein Thema besonders spannend, meldet euch freiwillig. Es ist immer besser, sich für ein Thema zu entscheiden, als das nehmen zu müssen, was übrig bleibt. Wenn es mehrere interessante Themen gibt, ist es von Vorteil, sich zeitlich für eins zu entscheiden, was in der ersten Hälfte des Semesters gehalten werden muss. Sonst hat man manchmal das Problem, dass Referate mit Prüfungsvorbereitungen kollidieren. Das ist auch machbar, aber definitiv stressiger. Wenn ihr Multitasking-Helden seid, könnt ihr diesen Tipp getrost ignorieren.

> *Tipp*: Sichert euch Referate in der ersten Semesterhälfte, damit sie später nicht mit Prüfungsvorbereitungen kollidieren.

Erste Schritte

Im Normalfall werden Referate in Gruppen gehalten. Das kann sehr produktiv sein, denn man kann viel voneinander lernen, wenn man mit den richtigen Leuten zusammenarbeitet. Ist das nicht der Fall und man hat eher demotivierte Menschen in seiner Gruppe, ist der beste Tipp, die Planung selbst in die Hand zu nehmen. Im ersten Schritt sucht man gemeinsam das Gespräch mit dem Dozenten, um einzugrenzen, in welche Richtung das Referat gehen kann und welche Literatur definitiv zurate gezogen werden sollte. Im Idealfall überfallt ihr euren Dozenten nicht vor oder nach dem Seminar, denn dann ist er in Gedanken entweder schon beim Seminar oder auf dem Sprung zum nächsten Termin. Meiner Erfahrung nach geben Dozenten mehr Ratschläge und Tipps, wenn man in die Sprechstunde geht. Ein gestresster Professor gibt weniger Tipps als ein entspannter. Wichtig für ein erfolgreiches Referat ist zu wissen, in welche Richtung das Ganze gehen soll, welche Schwerpunkte zu setzen sind und welche Literatur obligatorisch ist. Manche Dozenten warten förmlich darauf, dass man bestimmte Fachliteratur zitiert.

Arbeitsteilung

Nachdem man den Rahmen festgesteckt hat, geht es schon an die Arbeitsteilung. Überlegt gemeinsam, in welche Teile man das Thema aufspalten kann und wer für welches Teilgebiet zuständig ist. Wichtig ist, dass alle Themengebiete den gleichen Umfang haben, denn nur so haben alle ein ähnliches Arbeitspensum, was bedeutet, dass alle zufrieden sind und es keinen Stress gibt, aber es bedeutet auch, dass die Bewertung am Ende gerecht ist. Niemand sollte sich mit fremden Wissensfedern schmücken oder aufgrund eines zu kleinen Anteils am Referat eine schlechtere Bewertung bekommen. Damit alles ohne Stress ablaufen kann, sollte man sich gemeinsame Deadlines setzen. Bis zu einem gewissen Zeitpunkt sollten alle mit ihrer Stoffsammlung fertig sein, ihre Stichpunkte fertig haben und genau wissen, was sie sagen wollen. Dann kann man sich treffen und miteinander vergleichen, ob sich nichts doppelt, und feststellen, ob man insgesamt einen roten Faden hat.

Präsentation

Wenn man sich über den Inhalt klar ist, kann man sich für Präsentationsmittel entscheiden. Versucht hier nicht, einfach auf die gängigen Methoden zurückzugreifen, sondern wirklich zu überlegen, was sinnvoll ist. Nicht immer ist eine PowerPoint-Präsentation das beste Mittel und wenn es doch etwas in der Art sein soll, informiert euch über alternative Präsentationstools. Ich finde Programme wie *Keynote* oder *Prezi*, an der richtigen Stelle eingesetzt, spannender. Beratet gemeinsam in der Gruppe, was es für Möglichkeiten gibt und was sich anbietet. Mehr Köpfe wissen auch mehr und vielleicht kennt jemand Präsentationsmittel, die ihr nicht kanntet. Von seinen Kommilitonen lernen ist auch Gruppenarbeit. Wichtig ist aber, nicht krampfhaft eine Präsentation zu machen, sondern nur dann, wenn sie euren Vortrag wirklich unterstützt. Außerdem sollte man klären, ob für das Verständnis des Referats bestimmte Texte wichtig sind. Diese sollten für die Seminarteilnehmer per Mail zur Verfügung gestellt werden. Sonst hält man das beste Referat aller Zeiten und niemand kann folgen, weil die Grundlagen fehlen. Legt auch hier wieder klar fest, wer wofür verantwortlich ist. Wer kümmert sich um das Erstellen der Präsentation? Wer sorgt für ein gutes Arbeitsblatt?

Vermerkt aber immer nur das Wesentliche, sonst schalten die Zuhörer sehr schnell ab. Ich habe mal ein grandioses Referat über Horvath vor einem Mädchen gehalten, das seinen Kalender mit Herzchen verschönert hat. So grandios war es dann wohl doch nicht. In die Kopfzeile des Arbeitsblattes gehören das Datum, der Name der Veranstaltung, der Name des Dozenten und die Namen der Referenten.

Alternative Präsentationsprogramme zu PowerPoint sind z.B. Keynote für den Mac oder die Cloud-gestützte Software Prezi.

Kleiner Tipp: Präsentation und Arbeitsblatt sollten generell nicht zu vollgestopft werden mit Informationen, damit die Zuhörer dabei bleiben.

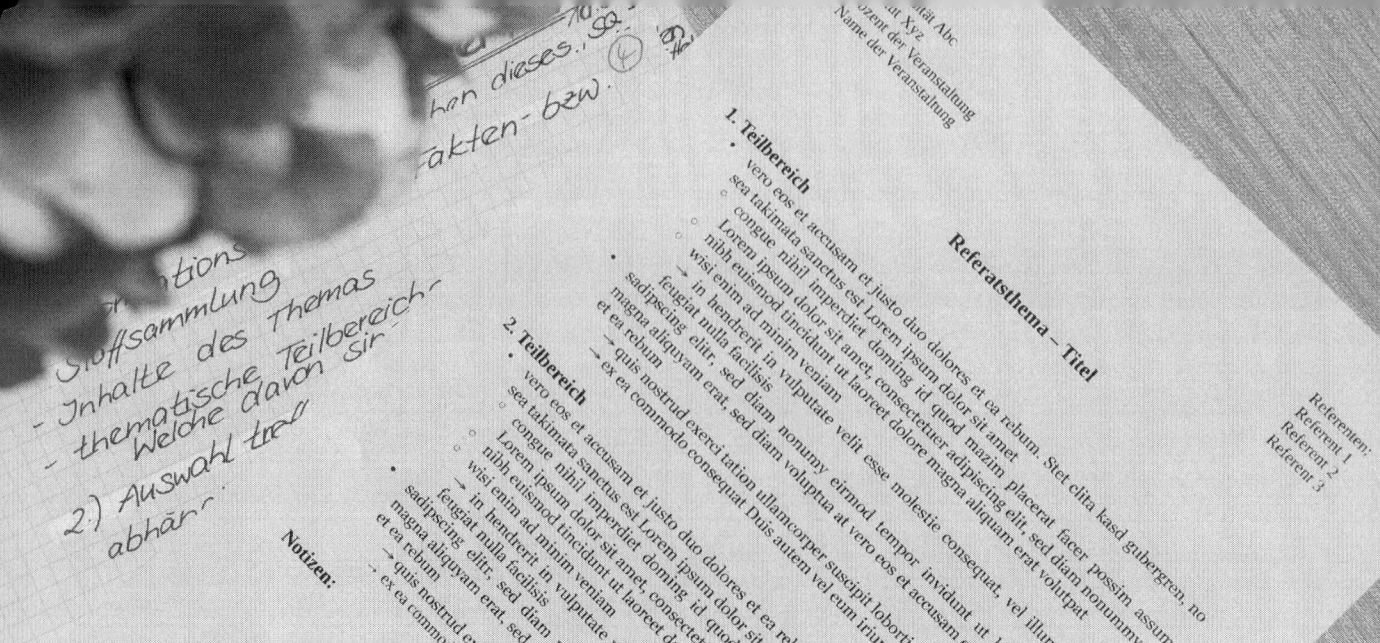

Beschränkt euch auf die wesentlichen Thesen, nutzt Übersichten und Grafiken und bildet wichtige Zitate ab. Außerdem ist es sehr angenehm für die Zuhörer, wenn auf dem Arbeitsblatt Platz für Notizen ist.

Eine Woche vor der Präsentation würde ich einen Durchlauf empfehlen, denn es gibt so einiges, was bei Referaten schief laufen kann. Probiert die Technik aus, tragt alles in der richtigen Reihenfolge vor und stoppt die Zeit, um zu sehen, ob ihr vielleicht irgendwo kürzen oder erweitern müsst. Achtet auch auf elegante Übergänge von einem Themengebiet zum anderen. Weniger geschickt ist: „Und jetzt ist Anna dran." Das mag ein bisschen übertrieben wirken, aber wenn man weiß, das alles funktioniert, ist man ruhiger, kann das Referat besser halten und ist am Ende erfolgreicher.

Körperhaltung

Es kommt aber nicht nur darauf an, was ihr präsentiert, sondern auch wie ihr es präsentiert. Achtet auf eure Körperhaltung. In unserer Aufregung begeben wir uns oft unbewusst in die seltsamsten Haltungen. Der Kopf leicht nach vorn gedrückt, die Augen weit geöffnet, der Rücken krumm. Das nenne ich liebevoll die sterbende Schildkröte. Die Beine steif und an den Boden getackert, verbunden mit dem Oberkörper einer Wackelpuddingpuppe. Gestatten: Panikwabbli. Weil ich mich nie auf etwas festlegen konnte, habe ich eine Kombination aus allen seltsamen Haltungen gemacht und mich gewundert, warum ich nicht in der Lage war, einen deutlichen Ton rauszukriegen. So gern unterschätzt man die Haltung, aber nur wer gerade und locker dasteht, verkrampft nicht. Klingt seltsam, aber stellt euch mal gerade hin und stellt euch dann vor, eure Wirbelsäule hat eine Verlängerung zum Boden. Das ist eure zusätzliche Stütze, und allein diese Vorstellung erinnert uns daran, uns gerade zu machen, ohne auszusehen, als hätten wir einen Stock im … in der Hand. Mit einer geraden lockeren Haltung wird auch unsere Stimme automatisch fester und lauter. Achtet darauf, die Maus auf euren Stimmbändern für einen Moment in den Urlaub zu schicken. Sprecht laut und deutlich, so als ob ihr nur für die letzte Reihe im Raum sprecht. Mir hilft es auch, besonders deutlich zu artikulieren. Meist schenkt mir die Aufregung ein wundervolles Angstnuscheln und wenn wir beim Vortragen das Gefühl haben, wir sprechen schon fast zu deutlich, ist es genau richtig. Um zu verhindern, dass man an seinem riesigen Stichpunktzettel klebt, den Kopf dadurch senkt und mehr für seine eignen Füße als für die Kommilitonen spricht, sollte man lieber Karteikarten benutzen. Die liegen locker in der Hand, man sieht mit einem Blick, was zu sagen ist. Und unter uns: Es ist beruhigend, sich daran festzuhalten. Ausformulierte Sätze sind eher von Nachteil, denn wer ständig auf seinen Zettel guckt, wirkt auch unsicher. Manchmal gibt es aber Themen, die besonders schwierig sind oder Momente, in denen man besonders aufgeregt ist, weil der Dozent vielleicht sehr pingelig mit Formulierung ist. Nur dann würde ich empfehlen, die Stichpunkte auszuformulieren und auswendig zu lernen. Das sollte definitiv nicht die Regel sein, aber besser etwas locker (!) auswendig vortragen, als panisch nach Formulierungen zu suchen. Das gibt einem die Chance, trotzdem ruhig vorzutragen, was man erarbeitet hat.

Atmen

Schon mal das Gefühl gehabt, vor Aufregung keine Luft zu bekommen? Vor einer großen gruseligen Aufgabe atmen wir oft tief ein, bevor wir uns dransetzen. So, wie wir vor dem großen Sprung Luft holen, tun wir das auch, wenn diese blöde Mail geschrieben werden muss. Wenn wir aber vor einem Referat oder einer Prüfung stehen, haben wir meist mehr Zeit zum Einatmen und vergessen oft das Ausatmen. Wir atmen immer wieder tief ein, aber nur flach aus, die Lunge füllt sich und wir haben irgendwann das Gefühl, wir ersticken. Sobald wir dann anfangen zu sprechen, atmen wir aus und das Gefühl wird besser. Deshalb hat man nach fünf Minuten Referathalten oft das Gefühl, die Aufregung wird weniger. Erleichtert euch selbst ein bisschen das Leben und erinnert euch daran, gleichmäßig zu atmen – auch auszuatmen. Das gibt euch ein besseres Gefühl und hält die Aufregung klein.

Natürlich ist all das der Idealfall. Wenn doch etwas in der Vorbereitung oder dem Referat selbst schiefgeht, bleibt ruhig und macht das Beste draus. Versucht nicht einfach zu schweigen und euch mit dem Auf-die-Füße-gucken-Trick unsichtbar zu machen. Vogelstrauß ist kein gutes Vorbild! Stellt euch den Fragen, beantwortet sie so gut ihr könnt und gebt zu, wenn ihr etwas nicht wisst. Das ist keine Schande! Niemand ist allwissend.

Referate waren am Anfang meines Studiums meine größte Angst. Schwitzige Hände, Versagensangst und eine flüchtige Stimme waren die Regel. Je mehr ich aber gelernt habe, mich auf diese unangenehmen Situationen vorzubereiten und je mehr Übung ich hatte, desto leichter wurde es. Am Ende des Studiums war ich Profireferatehalter ... Dieses Wort sollte in den Duden aufgenommen werden und darunter mein Name. ... Man wird ja wohl noch träumen dürfen. Wenn ich meine Angst durch Übung ablegen kann, könnt ihr es auch. Ihr habt euch vorbereitet, kennt das Thema, werdet euer Bestes geben und mehr ist nicht wichtig.

Referate halten auf einen Blick

- Thema abstecken mit Hilfe des Dozenten
- Themengebiete verteilen und Deadlines setzen
- Auf roten Faden und Übergänge achten
- Stichpunkte auf Karteikarten schreiben
- geeignete Präsentationsmittel finden
- Referat im fertigen Zustand einmal proben
- Auf die Körperhaltung achten
- Ausatmen nicht vergessen

Prüfungen

Prüfungen gehören wahrscheinlich nur für sehr wenige Menschen zu Dingen, die man gern tut. Für die meisten sind sie beängstigend, weil man immer Angst vor der Situation und dem Ergebnis hat. Gerade in der Prüfungsvorbereitung merkt man, ob man sich während des Semesters kontinuierlich um Vor- und Nachbereitung von Kursen gekümmert hat oder eher nicht. Ich war in den ersten beiden Semestern ein panischer Nervenflummi und wusste kaum noch meinen eigenen Namen.

Studenten geht es manchmal wie Teilnehmern von Wettessen, nur dass sie keine Hot Dogs oder Kekse in sich reinschaufeln müssen ... hmmm Kekse ... nicht ablenken lassen. Nein, sie müssen manchmal so viele Fakten in sich rein kriegen, wie sie nur können. Oft ist dieser Gedanke allein schon Überforderung genug. Kurz vor den Prüfungen kann man Studenten grob in *drei Gruppen* teilen: Die *Organisierten*, die vorbereitet und entspannt sind, mit nur einer Prise Lampenfieber. Die *Profiprokrastinierer*, die so viele andere Dinge tun müssen, bevor es ans Lernen gehen kann, und die dann in der Nacht vor der Prüfung alles geben, und die *Game-Over-Kinder*, die zusammengerollt unterm Tisch sitzen und Biene Maja summen.

Schlaf

Bevor ihr euren Kalender in der Prüfungszeit mit To-Do-Listen, Terminen und vielleicht dem bunten Washitape mit den Einhörnern füllt, solltet ihr im ersten Schritt die Zeit für euren Schlaf blocken. Schlaf wird von Studenten oft unterschätzt, ist aber die Grundlage für Produktivität. Das war jetzt so ein Mamasatz, was? Natürlich hab ich mir während meines Studiums auch die ein oder andere Nacht um die Ohren geschlagen, aber sind wir mal ehrlich, als Superheldin mit Punktcape ist das auch notwendig. Im Normalfall solltet ihr versuchen, ausreichend Schlaf zu kriegen. Die Definition von „ausreichend" ist an dieser Stelle individuell. Manche Menschen sind nach sechs Stunden vollkommen erholt, während die Enkelkinder von Dornröschen unter uns etwas mehr brauchen. Für mich waren sieben bis acht Stunden notwendig, um mich gut zu fühlen. Manchmal glaubt man, sich mit weniger Schlaf mehr Zeit zu verschaffen, die Realität sieht aber anders aus. Müde Menschen denken langsamer, haben oft Wortfindungsschwierigkeiten und brauchen länger, um etwas in den Kopf zu kriegen. Nur wer Sternchenaugen hat, kann klar denken, produktiv arbeiten, fühlt sich besser und ist gesünder. Ihr braucht für euer Studium viel Energie. Bei acht Stunden Schlaf am Tag bleiben euch noch 16 weitere für alles Andere. Es gibt Systeme, nach denen man den Tag dreimal in acht Stunden teilt: acht Stunden Schlaf, acht Stunden Arbeit, acht Stunden Freizeit. Für mich hat das leider nicht funktioniert, aber vielleicht ist es perfekt für euch. Wie bei allem gilt: Einfach mal ausprobieren und sehen, ob das Hemd passt.

Wenn ihr zu Prüfungsangst neigt, helfen euch vielleicht die Tipps in diesem Video.

Schriftliche Prüfungen

Die Vorbereitung ist das Eine, die Prüfungssituation das Andere. Man steht mit Kommilitonen kurz vor der Klausur vor dem Raum, der Schlaubischlumpf der Truppe wirft einen unwichtigen Nebenfakt in die Runde und, weil man nicht gleich damit was anzufangen weiß, klebt einem glatt der Pony an. Dann werden schon die Blätter ausgeteilt, man liest panisch die Fragen, versteht nichts und starrt die Decke an. Während ein gutes Maß an Aufregung unsere Sinne schärft, bremst die Angst uns frech aus. Man bekommt einen Tunnelblick und das Gehirn macht Feierabend, Blackout. Um dem vorzubeugen, ist es wichtig, sich rechtzeitig zu beruhigen. Ein alter Theatertrick ist, ruhig und bewusst langsam dort in den Bauch zu atmen, wo das Kribbeln sitzt. Vielen hilft es dabei, die Aufregung in Zaum und das Stresslevel niedrig zu halten. Wenn man beim Lesen einer Frage das Gefühl hat, die Antwort nicht zu kennen, ist es wichtig, sich nicht daran festzubeißen. Einfach tief einatmen und sich daran erinnern, dass es eine Frage geben wird, zu der man die Antwort weiß. Macht euch nicht selbst wahnsinnig und fangt immer mit der Frage an, die ihr am besten beantworten könnt.

Kleiner Tipp: Fangt immer mit der Frage an, die ihr am besten beantworten könnt. Das beruhigt und gibt ein Gefühl der Sicherheit.

Mündliche Prüfungen

Kleidung

Das Outfit für die Prüfung ist wichtiger als man denkt. Es sollte angemessen förmlich sein, allerdings müsst ihr für die meisten Prüfungen nicht im Kostüm oder Anzug kommen. Die bequeme Jeans mit den stylischen Rissen und das T-Shirt mit dem Gummibärchen, das im Dunkeln leuchtet, ist vielleicht auch keine so gute Idee. Denkt dran, dass ihr ernst- und als angehender Akademiker wahrgenommen werden wollt und weniger als Schüler, der aus Versehen im falschen Gebäude gelandet ist. „Woher soll ich das wissen? Ich wollte doch nur meine große Schwester abholen." Vielleicht auch ein gutes Ablenkungsmanöver.

Vorbereitung

Es hilft sehr, sich beim Lernen die Fakten laut selbst zu erzählen.

Der große Unterschied zwischen einer schriftlichen und einer mündlichen Prüfung ist, dass ihr sprechen müsst. Logisch oder? Ihr solltet also nicht nur die Fakten lernen, sondern auch üben, wie ihr präsentiert. Es hilft sehr, sich beim Lernen die Fakten laut selbst zu erzählen, denn das senkt die Scham, sie dann in einer Stresssituation laut wiederzugeben und gibt einem das Gefühl von Routine. Nichts ist beruhigender als Routine. Schwierige Abläufe sollte man sich ausformulieren und auswendig lernen, damit man im entscheidenden Moment nicht nervös wird, wenn man über diese fiesen Verben stolpert. Gemeine Dinger, die sich bei mir gern ganz hinten im Gehirn verstecken. Gegen Aufregung hilft auch, selbst Kleinigkeiten, die mit einer mündlichen Prüfung zusammenhängen, zu üben: den Raum betreten, vor Menschen stehen und Fakten präsentieren, auf Fragen reagieren usw. Das kann man sowohl allein üben als auch mit Kommilitonen in den letzten Tagen vor der Prüfung. Auch hier gilt: Gemeinsam lernt es sich leichter und man fühlt sich nicht mehr allein. Versetzt euch so gut es geht in diese unangenehme Situation, stellt euch mögliche Fragen und beantwortet sie. Übt aber auch, wie ihr reagieren könnt bei einem Blackout oder in Momenten, in denen ihr auf eine spezielle Frage keine Antwort habt. Selbst die gruseligsten Situationen verlieren ihren Schrecken, wenn man sie zum zehnten Mal durchlebt.

Gemeinsam lernt es sich leichter und man fühlt sich nicht mehr allein.

Ruhe

Die Nervosität schwingt zwar immer ein bisschen mit, aber sobald daraus Panik wird, ist man gelähmt. Man kann keine klaren Gedanken mehr fassen, geschweige denn, Dinge durchdenken. In meinem ersten Semester war ich das Panikhörnchen höchstselbst. Ich hatte unfassbare Angst zu versagen und hab mich damit blockiert. Also ist der erste Tipp, um eine Prüfung erfolgreich zu meistern: Ruhig bleiben! Versucht euer eigener Cheerleader zu sein und euch daran zu erinnern, dass ihr nicht mehr tun könnt als lernen. Solange ihr euer

Bestes gebt, braucht ihr euch nichts vorzuwerfen. Wenn es dann am Ende nicht klappt, seid aber nicht hart mit euch, denn das passiert jedem Studenten mal und ist kein Beinbruch. Einfach einen Tag lang Eis essen, runter kommen, dann die eigene Lernstrategie hinterfragen und so verändern, dass sie besser passt. Allein zu lernen versucht und gescheitert? Organisiert euch eine Lerngruppe. In der Lerngruppe eher über den süßen Typen aus der ersten Reihe gesprochen als gelernt? Sucht euch Menschen, die motivierter sind als ihr oder lernt zukünftig überwiegend allein. Wichtig beim Lernen ist Zeit. Mit Ruhe, Vorbereitung und einem Plan geht alles viel leichter von der Hand und das Ergebnis ist definitiv besser.

Umgang mit Stress

Zeit nehmen

Mein Video zum Umgang mit Stress findet ihr hier.

In unseren Alltag sind wir sehr oft im Kopf mit unserer Arbeit oder Dingen beschäftigt, die wir noch erledigen müssen und dabei übersehen wir hier und da Kleinigkeiten, die wirklich glücklich machen und entspannen können. Wenn man sich ab und zu dazu zwingt, die kleinen Dinge des Lebens zu sehen, wie die dicke Taube, die glücklich auf dem Baum sitzt und vor sich hin gurrt, die schöne kleine Wildblume, die als einzige mitten auf der Wiese steht oder den bunten Himmel am Abend. Wenn man es schafft sich über diese Dinge zu freuen, schenkt man sich selbst hier und da einen kleinen Glücksmoment. Nennt mich Hippie, aber das entspannt mich einfach jedes Mal. Probiert es vielleicht mal aus … geht auch ohne Blumenkranz im Haar.

Bewegung

Das ist ein Punkt, den wahrscheinlich viele gerne überlesen wollen … kann ich gut verstehen, aber tatsächlich hilft Sport beim Stressabbau. Bewegung fordert unseren Körper nochmal ganz anders, als das ewige Sitzen und Denken und macht den Kopf frei. Ich habe nach meiner Laufrunde einfach fertig gedacht und kann voll entspannen. Dabei muss es nicht immer der Gang ins Fitnessstudio oder ein Marathon sein. Es reicht auch, wenn ihr Bewegung im Alltag einbaut. Nehmt die Treppe, steigt eine Haltestelle vor der Uni aus und lauft das letzte Stück, geht einen Umweg nach Hause oder nehmt das Rad. Glaubt mir, diese Kleinigkeiten werden euch beim Runterkommen helfen und, auch wenn man sich dazu überwinden muss, wahnsinnig gut tun. Die Ambitionierten unter euch sollten aber auch aufpassen, dass Sport nicht zum Stressfaktor wird. Wenn ihr mal keine Lust aufs Laufen habt, gönnt euch auch einfach 'ne Pause. Sich selbst nach einem langen Tag zusätzlich noch unter Druck zu setzen, ist auch nicht hilfreich. Wir sind ja keine Maschinen.

Lachen

Ich verrate euch mal ein Geheimnis. Eure Stimmung beeinflusst euren Körper. Je glücklicher ihr seid, umso besser könnt ihr denken und desto weniger seid ihr gestresst. Einfach aber wahr. Lacht zum Beispiel so oft ihr könnt. Lachen setzt Endorphine frei und die bauen fleißig, wie kleine Heinzelmännchen, Stresshormone ab. Trefft euch nach einem blöden Tag mit einer Freundin oder guckt euch einen witzigen Film an. Hauptsache ihr müsst so richtig herzhaft lachen. Macht Spaß und funktioniert.

Abstand

Gerade in stressigen Zeiten hilft es mir immer wieder, wenn ich mir regelmäßig einen kleinen Moment für mich nehme und etwas schönes tue. Wie zum Beispiel in Spaziergang im Wald, bei dem wahrscheinlich jeder von uns schon richtig gemerkt hat, wie das dicke Stressmännchen von den Schultern gefallen ist und wir wieder richtig atmen konnten. Überall hört man nichts als das Rauschen der Blätter und die Arbeit wird plötzlich ganz nebensächlich. Tolles Gefühl! Es tut aber auch sehr gut, sich Zeit fürs Kreativsein zu nehmen. Egal ob ihr malt oder tanzt oder singt und eigentlich auch egal, ob ihr das gut könnt. Hauptsache es macht Spaß. Alles was glücklich macht und euch mal ablenkt von den großen gruseligen Aufgaben ist erlaubt.

Gönne Dir einen Augenblick der Ruhe und Du begreifst, wie närrisch Du herumgehastet bist.

Laotse

Atmen

Atmen wird unterschätzt. Vielleicht ist euch ja schon mal aufgefallen, dass ihr flacher und schneller atmet, wenn ihr gestresst seid. Wenn ihr das merkt, solltet ihr euch fünf Minuten Zeit nehmen und euch komplett aufs Atmen konzentrieren. Versucht so tief ihr könnt in den Bauch zu atmen … und wir Mädels vergessen für ein Moment mal das Baucheinziehen. Ruhig und richtig tief einatmen und dann genauso ruhig wieder aus. Das holt uns wieder runter von dem Kaninchenatmen und nach kurzer Zeit fühlen wir uns viel besser und können wieder frisch ans Werk gehen.

Positiv denken

Das ist ein typischer Ella Tipp, aber ihr werdet mir Recht geben, dass man sich besser fühlt, wenn man versucht, an Dinge positiv ranzugehen. Sich mit dem Gedanken „das kriege ich nie in meinen Kopf" an das komplizierte Kapitel zu machen, wird weniger erfolgreich sein als der Gedanke „ich gebe mein Bestes und versuche so viel zu verstehen wie möglich." Das Studium kann sehr fordernd sein und man kommt immer wieder an den Punkt, an dem man an sich selbst zweifelt. Gerade in diesen Momenten müsst ihr euer allergrößter Cheerleader sein. Glaubt an euch und vertraut darauf, dass ihr gut genug seid. Niemand kommt allwissend auf die Welt, aber mit Motivation und Ruhe kann man alles lernen.

Wer am Tag träumt, wird sich vieler Dinge bewusst, die dem entgehen, der nur nachts träumt.

Edgar Allan Poe

Scheitern ist ok

Jeder fällt im Studium mal durch eine Prüfung oder versaut eine Hausarbeit. Gerade am Anfang, wenn man noch nicht genau weiß, wie Dinge funktionieren, scheitert man hier und da – und das ist o.k. Versucht euch nach dem ersten Schreckmoment nicht in ein Loch fallen zu lassen, sondern soviel aus dieser Niederlage für euch zu ziehen wie ihr könnt. Ich habe am meisten über das Studium und das Lernen verstanden, wenn ich eine schlechte Note bekommen habe oder durch eine Prüfung gefallen bin. Natürlich ist es ärgerlich, denn man muss diese Prüfung wiederholen und es gibt bestimmt angenehmere Dinge auf dieser Erde. Aber man weiß jetzt, welche Lerntechnik für einen selbst nicht funktioniert. Ich habe so Stück für Stück verstanden, wie ich lernen muss, damit am Ende ein gutes Ergebnis dabei rauskommt.

Schlaf

Jeder von uns hat ein anderes Schlafbedürfnis, also ist es schwer zu sagen, wieviel Schlaf man im Allgemeinen braucht. Ich glaube aber, wir können uns darauf einigen, dass man ausgeschlafen viel besser denken kann. Gerade dann, wenn der Zeitdruck steigt, neigen viele von uns dazu, Abstriche beim Schlaf zu machen. Man bleibt lange wach und steht früh auf oder macht ganze Nächte durch, weil man glaubt, so mehr Zeit zu haben. Aber Zeit ist nicht alles. Auch hier gilt wieder Qualität statt Quantität. Zwei Stunden effektives Lernen können mehr bewirken als eine ganze Nacht im Halbschlaf denken. Nach einer durchlernten Nacht eine Prüfung zu schreiben geht nur selten gut. Ein müder Kopf versteht langsamer, kann Zusammenhänge schlechter herstellen und braucht länger, um Sätze zu formulieren. Also gesteht euch genug Schlaf zu und ihr werdet einen deutlichen Unterschied merken.

Stressmanagement auf einen Blick

- Ein Zeitmanagement haben. Tage für Faulenzen, Spaß und Ausruhen sich erlauben und einplanen
- Gerade für Morgenmuffel: Sich am Abend zehn Minuten Zeit nehmen, um Dinge für den nächsten Tag zurechtzulegen
- Die kleinen Dinge des Lebens genießen
- Bewegung – regelmäßiger Sport hilft beim Stressabbau
- Lacht so oft Ihr könnt
- Sich (Aus-)Zeit für Natur und eigene Kreativität nehmen und Abstand gewinnen
- Bewusst atmen! Aufs Atmen konzentrieren
- Positiv denken
- Habt euch selbst gern und verzeiht euch eure Fehler. Wieder aufstehen, wenn mal was schief läuft. An dem arbeiten, worin man besser werden möchte. Sein eigener Cheerleader sein.
- Genug schlafen

Ein Haustier zu
streicheln soll sehr
entspannend sein,
heißt es. Nicht nur
für das Haustier.

Lernpläne

→ Einen Blanco-Lernplan findet Ihr im Anhang oder zum Download auf der Organisella-Homepage (organisella.de)

Nicht selten bekommt man schon vor dem Lernmarathon einen kleinen Herzinfarkt, wenn man sieht, was alles vor einem liegt. Vor so einem großen Faktenberg zu stehen, kann einen nicht nur demotivieren, sondern auch schlicht überfordern. Lasst euch keine Angst machen, sondern sucht euch die richtige Ausrüstung und hackt euren Wissensberg in kleine, zu bewältigende Abschnitte, die weniger beängstigend sind. Ein Lernplan ist für mich essenziell geworden für die Prüfungszeit, weil er mir einerseits eine Anleitung gibt und andererseits Ruhe. Ich weiß genau, was ich wann lernen muss, damit ich nichts vergesse und alles in der vorgegebenen Zeit in meinem Kopf kriege. Keine durchgemachten Nächte vor der Prüfung mehr und definitiv weniger Versagensängste. Bevor ihr euch in die intensive Lernphase begebt, müsst ihr euch zwei Fragen beantworten.

Was muss ich wissen?

Manchmal glaubt man, die Antwort auf diese Frage zu kennen und kümmert sich deshalb nicht weiter darum. Wie man aber schnell feststellt, weiß man oft weniger als man denkt oder es fällt einem plötzlich irgendwas Wichtiges aus dem Kopf. Deshalb ist es hilfreich, sich alle Teilbereiche aufzuschreiben, die man für die jeweilige Prüfung kennen muss. Das verhindert zum einen, dass man etwas vergisst und zum anderen, dass man sich Zeit klaut, indem man Dinge lernt, die nicht relevant sind. Kleiner Tipp: Macht euch für jede Prüfung eine extra Liste. Ich hatte mal die grandiose Idee, eine gigantische Liste mit allen Themengebieten zu machen, die ich für die Prüfungen im ganzen Semester wissen musste. Das ist nicht motivierend, eher zermalmend. Zu lange Listen provozieren Prokrastination, weil man schon vor dem Anfangen denkt: „Das soll ich alles in den Kopf kriegen? Bin ich Jesus?"

Wann muss ich es wissen?

Das Effektivste, was man beim Lernen tun kann, ist einen Plan zu haben. Surprise! Das macht es eindeutig entspannter und man hat selbst in der Prüfungszeit noch Zeit für andere Dinge. An den meisten Universitäten werden die Termine für Prüfungen schon zu Beginn des Semesters bekanntgegeben. Damit man keinen Kalter-Schweiß-ups-vergessen-Moment hat, sollte man sie sich sofort in den Kalender eintragen. Kleiner Tipp: Ich verschaffe mir auch gern einen Zeitpuffer, indem ich eine Woche vor dem Prüfungstermin meine Deadline fürs Lernen setze. Das ist absolut kein Muss, entspannt aber, falls einem irgendetwas in den Lernplan reingrätscht: Die Woche Kranksein oder auch die neue Staffel *Orange Is The New Black*, die man im Marathon gucken muss. Im nächsten Schritt plane ich die Wochen rückwärts bis zum Beginn des Prüfungszeitraums und verteile meine zu lernenden Teilgebiete auf die jeweiligen Wochen. Was muss eine Woche vor der Prüfung gelernt werden, was in der Woche davor und womit fange ich diese Woche an?

Wenn alle Themengebiete verteilt sind, habt ihr euer Wochenpensum vor euch und wenn ihr gut geplant habt, ist erstaunlich wenig pro Woche zu tun. Definitiv weniger, als ihr am Anfang dachtet. Der Zaubertrick ist einfach, sich kleine Schritte vorzunehmen. Erinnert ihr euch an euren Arbeitsplan? Mit einem Blick darauf, könnt ihr erkennen, zu welchen Zeiten ihr in der Woche lernen könnt und ob ihr für die Prüfungszeit vielleicht etwas zurückstellen oder ausfallen lassen müsst, um genug Zeit zu haben.

Wie ich meine Lernpläne im Studium gestaltet habe, könnt ihr euch hier ansehen.

Ja, einen Lernplan zu erstellen, kostet ein bisschen Zeit. Anfangs habe ich für meine Lernpläne einen Tag gebraucht, zum Ende des Studiums nur noch einen halben. Ich habe aber nie bereut mir diese Zeit genommen zu haben, weil ich sehr schnell gemerkt hab, dass ich ohne Lernplan keine Chance gehabt hätte, alles zu lernen und zu verstehen, was ich für die Prüfungen brauchte. Und zwar ohne dabei irgendwann mit einem irren Lachen und einer weißen Weste von fremden Männern abgeholt zu werden. Jede Woche diese kleinen Schritte abzuarbeiten, sorgt für ein unheimlich gutes Gefühl und man behält zu jeder Zeit den Überblick über das Pensum.

Eine Sammlung digitaler Hilfsmittel, nützliche Software gegen Ablenkung, findet Ihr in der Infobox auf der nächsten Seite.

Gerade in der Prüfungszeit muss man effizient sein, damit man alles schafft und trotzdem Zeit zum Atmen hat. Dafür gibt's kleine und große Hacks, die ich euch in diesem Video zeige.

Lerntechniken/
Lerntipps

Im Studium hat man wenig Zeit und viel, was man in dieser wenigen Zeit schaffen muss. Natürlich ist es daher wichtig zu wissen, was man braucht, um effektiv zu lernen und welche Methoden für einen selbst funktionieren. Wir sind alle unterschiedlich und was für den einen funktioniert, muss für den anderen noch lange nicht der heilige Wissensgral werden. Eine meiner liebsten Freundinnen während der Schulzeit hat immer in der Badewanne gelernt und geschworen, dass es der beste Weg ist. Mein Versuch endete mit Frustration, großen Feuchtgebieten zwischen den Notizen und Seiten, die vollkommen an das Seemonster geopfert werden mussten. Also eindeutig keine Lernstrategie für mich. Zum Glück für uns Tollpatsche gibt es ja nicht nur diese eine Methode, um Lernstoff zu begreifen.

Verstehen

Der einfachste Weg, um Lernstoff im Kopf zu behalten, ist, ihn inhaltlich zu erfassen. Die reinen Auswendiglernmaschinen unter uns sind im ersten Semester noch erfolgreich mit ihrer Methode, vergessen aber sehr schnell, was sie sich in den Kopf gehängt haben. Im zweiten Semester bauen dann die neuen Informationen auf den alten auf und schon springt man von Wissensinsel zu Wissensinsel und hat Angst vor den Blackouthaien. Wenn ihr während des Semesters kontinuierlich vor- und nachbereitet habt, sollten euch eure Mitschriften und das, was ihr gelernt habt, helfen, die wichtigsten Dinge und Abläufe noch einmal nachzuvollziehen. Um zu testen, wie viel ihr tatsächlich behalten habt, ist es hilfreich, sich die Schlagworte auf euren Mitschriften anzugucken und zu versuchen, die dazugehörigen Informationen ins Gedächtnis zu rufen.

Lernumgebung

Nach dem Verstehen kommen die Dinge, die man stupide auswendig lernen muss. Solche tollen Dinge wie Definitionen, Jahreszahlen oder Paragraphen gibt es wohl in jedem Studium. Damit das Gehirn gut Informationen aufnehmen kann, ist es wichtig, Ruhe zu haben. Viele Studenten merken innerhalb des Studiums, dass es sehr produktiv ist, seine Arbeit nicht zu Hause mit lauten Mitbewohnern oder saugenden Nachbarn zu machen, sondern dafür in die Bibliothek zu gehen. Umgeben von rauchenden Köpfen, die sich alle durch ihre unangenehmen Aufgaben kämpfen, fühlen sich viele motiviert und nicht so allein mit ihrem Elend. Außerdem ist man geschützter vor vielen gemeinem Ablenkungsmöglichkeiten. Meist hat man nur eine schlechte Internetverbindung oder zumindest jemanden hinter sich, der einen guten Blick auf den eigenen Bildschirm hat. Das hat mich immer daran gehindert, spontan an einem Ort, an dem alle zu tun haben und sich bilden, meine Lieblingsyoutuber zu gucken. Außerdem ist man umgeben von Literatur, die einem Fragen beantworten oder Dinge erklären kann, und ist zeitlich begrenzt auf die Öffnungszeiten, was verhindert, dass man selbst kein Ende findet. Man muss also effektiv lernen, um die Zeit zu nutzen, hat aber auch feste Grenzen für Pausen. Für meinen Träumerkopf waren intensive Lernzeiten mit anschließenden Pausen viel produktiver als ganze Lerntage ohne Luftholen. Der Kopf kann eben nur begrenzt Dinge aufnehmen und braucht Zeit, um zu verarbeiten. Aber nicht jede Bibliothek gibt einem ein gutes Gefühl, also steht hier anfangs eine kleine Suche an. Ich habe ein ganzes Semester gebraucht, um die Bibliothek zu finden, in der ich mich am wohlsten fühle und am besten konzentrieren kann. Kommilitonen von mir, die mit Bibliotheken generell nichts anfangen konnten, haben andere Plätze für sich gefunden: Buchläden, Arbeitsräume in der Uni, Cafés oder auch das Wohnzimmer der besten Freundin.

Digitale Helferlein

Zeitdiebe erkennt und erlegt ihr mit Apps wie aTimeLogger oder Rescuetime. com. Sie sind wachsam wie ein Erdmännchen und halten genau fest, wann man was tut und womit man vielleicht seine Zeit verschwendet. *hust* Youtube *hust*

StayFocusd (Google Chrome) und LeechBlock (Firefox) sind eure besten Freunde, wenn es um Selbstkontrolle geht. Sie lassen euch nur eine bestimmte Zeit am Tag, die ihr selbst vorher festlegt, auf einer bestimmten Webseite prokrastinieren und sperren sie danach. Da hilft kein diskutieren, betteln oder mit Schokolade bestechen.

Selfcontrol (Mac) gibt zwar die Möglichkeit online zu recherchieren, verhindert aber von vornherein und unbarmherzig, dass einen süße Katzenvideos ablenken. Ja, auch wenn die Katzen noch klein und sehr tolpatschig sind.

Freedom (freedom.to) ist noch strenger und sperrt nach einer vorher angegebenen Zeit den ganzen Internetzugang und gibt den erst wieder nach einem Neustart frei.

Mindmaps

Komplexe Themen kann man sich wunderbar mithilfe von Mindmaps vor Augen führen. Sie helfen, die wichtigsten Teilbereiche zu erkennen und verschiedenste Fakten und Gedanken zu einem Thema zu visualisieren. Tausendundeine Information zusammenfassen, um das große Ganze zu verstehen. Klingt gut? Finde ich auch. Dafür schnappt ihr euch ein weißes Blatt Papier und schreibt zunächst das zentrale Thema in die Mitte. Es gibt aber auch Themen, bei denen es sinnvoll ist, mehrere Mitten zu haben, um sie z. B. in den richtigen Zusammenhang zu bringen. Anschließend bringt ihr Fakten, Ideen oder Überlegungen auf das Papier und verbindet sie je nach Wichtigkeit mit dem Hauptthema. Um festzuhalten, welche Verbindungen wichtiger sind als andere, kann man die Verbindungsäste dicker oder dünner zeichnen oder sie mit Symbolen oder Schlagworten versehen. Würde man die Strömungen der Romantik, die zeitliche Einordnung und die Gründe für ihr Entstehen begreifen wollen, könnte man relevante Gedanken wie Lebensumstände der Zeit, Mentalitätswandel und Verständnis von Künstlern zueinander in Beziehung setzen. Puh, das alles scheint am Anfang schwierig oder sogar sinnlos zu sein, aber es gibt bei Mindmaps kein Richtig oder Unvollständig. Es ist allein euer Hilfsmittel. Fakt ist: Man zwingt sich, ein Thema zu durchdenken, und das hilft, es zu verstehen.

Übersichten

Gerade wenn es weniger um Zusammenhänge und mehr um das Lernen vieler Informationen zu einem Themengebiet geht, ist es hilfreich, sich Übersichten zu machen, die diese Informationen auf einen Blick bereithalten. Ähnlich wie bei einer Mindmap schreibe ich das große Thema in die Mitte und die einzelnen Teilthemen mit den dazugehörigen Fakten drum herum. Wenn wir diese Methode wieder auf das Beispiel der Romantik beziehen, wären unsere Teilbereiche der Zeitraum, die historische Einordnung, die Vertreter, die Motive, die bekanntesten Werke, usw. Auf diese Weise hat man beim Lernen nicht nur alle wichtigen Informationen auf einen Blick, sondern durch die Arbeit an der Übersicht oft schon im Kopf. Könnt ihr euch das tolle Gefühl vorstellen, wenn man ein wichtiges Thema lernen will und feststellt, dass man es schon verinnerlicht hat? Nein? Lasst mich kurz das Bild zeichnen. Ihr lauft durch die Straßen, überall applaudieren euch Leute oder klopfen euch auf die Schulter und im Hintergrund Musik ... „Iiiiiii am the champiooon, my frieeeeend."

Karteikarten

Bei allen noch so innovativen Lernmethoden bleiben Karteikarten eine der besten Möglichkeiten, um sich Wissen nicht nur einzuprägen, sondern auch sicherzustellen, dass man die Kontexte wirklich verstanden hat. Auf der Vorderseite notiert man eine Frage, die nach dem jeweiligen Themengebiet fragt. Diese Fragen können auch potenzielle Prüfungsfragen sein. Dadurch wird das Lernen gleichzeitig zur Übung für die Prüfungssituation. Auf der Rückseite wird dann die passende Antwort notiert. Ihr könnt aber auch nur Schlagworte auf die Karteikarten schreiben, um euch nach Abläufen oder Situationen zu fragen und die immer wieder durch den Kopf gehen zu lassen. Damit kann man unabhängig davon, wo man gerade ist, für seine Prüfung lernen. Karteikarten passen in jede Tasche und immer wenn man auf den Bus wartet, zwischen zwei Seminaren oder einfach abends entspannt im Bett, kann man die Fragen durchgehen. Man hat so den Stoff immer präsent, testet sich regelmäßig selbst, was einen am Vergessen hindert und spart enorm viel Zeit. Wichtig bei dieser Methode ist, dass man die Antworten immer wieder auch laut vor sich hin spricht. Die laute Wiederholung wirkt Wunder.

Gedächtnisgenies

Kennt ihr diese Menschen, die sich scheinbar unendlich viele Dinge in sehr kurzer Zeit merken können? Viele von ihnen nutzen eine spezielle Technik, die gerade beim Merken von Fakten hilft, die man sonst nur schwer im Kopf behalten kann, wie Geschichtsdaten, bestimmte Abläufe, Vokabeln usw. Dieses Prinzip kann mit unterschiedlichen Methoden umgesetzt werden und ich verspreche euch, es stopft jedes Loch im Gedächtnissieb. Meine liebste und am meisten verwendete Methode ist die Routenmethode. Mit ihr kann man sich in sehr kurzer Zeit viele Fakten einprägen. Los geht's damit, dass man sich eine Route oder einen Weg aussucht, den man sehr gut kennt. Für mich war und ist das bis heute immer mein Schulweg. Ich bin ihn jeden Tag mit dem Fahrrad gefahren und es gibt verschiedene prägnante Dinge auf ihm: Ampeln, Friedhöfe, Bushaltestellen, Häuser, Grünflächen, Supermärkte. Dieses Stationen habe ich vor Augen und kann sie in immer der gleichen Reihenfolge ablaufen. Man kann aber auch Wege in der eigenen Wohnung benutzen. Wichtig ist nur, dass man sie sehr genau kennt und immer die gleiche Route nimmt. Der nächste Schritt ist, sie mit den Begriffen zu verbinden, die man sich merken muss und zwar auf so verrückte Weise, wie es nur geht. Halt! Nicht umblättern! Ich weiß, das klingt seltsam, aber bleibt dran, es ergibt gleich alles Sinn. Lasst uns das mal zusammen an einen ganz banalen Beispiel ausprobieren: der Einkaufsliste. Wir brauchen Katzenfutter, Brot, Käse, Milch und Fisch. Nehmen wir mal an, eure erste Station in der Wohnung ist die Kommode. Dann könnt ihr euch einfach vorstellen, dass darauf eine Katze sitzt, die hungrig mauzt. Ihr wollt also losgehen und dafür müsst ihr eure Jacke anziehen und zur zweiten Station, der Garderobe, gehen. Da stellt ihr fest, dass alle eure Jacken aus Brot bestehen. Nachdem ihr eure Roggenbrotjacke anhabt, geht ihr durch eure Eingangstür, die vollkommen aus Käse besteht. Im Treppenhaus findet ihr aber keine Stufen, sondern eine große Milchrutsche, auf der ihr ganz entspannt nach unten rutschen könnt. Vor der Tür wartet schon euer Auto, das heute von eurem Kumpel, dem Fisch gefahren wird. Klingt verrückt, aber ich wette, ihr habt diese Einkaufsliste jetzt im Kopf und braucht keinen Zettel mehr. Wer keine Route hat, die er im Kopf ablaufen kann, der kann sich auch einfach eine bunte Geschichte zu den Begriffen ausdenken. Je verrückter oder emotionaler die Geschichte ist, desto besser kann man sie sich merken. Dieses Prinzip könnt ihr auf die verschiedensten Situationen übertragen und euch damit nahezu alles merken, was wichtig ist. Mein Freund hat mich lange für diese Technik ausgelacht, bis sie ihm mal auf den letzten Drücker den Hintern gerettet hat. Also bevor ihr sie verurteilt, probiert sie einfach mal aus.

Für längere Zahlenkombinationen bietet sich das Zahl-Symbol-System an. Seid ihr bereit für noch mehr Zauberei? Dafür müsst ihr euch eine Tabelle mit drei Spalten machen. In der ersten Spalte stehen die Zahlen eins bis neun, in der zweiten eine Person oder ein Ding, das für euch mit dieser Zahl verknüpft ist. Zwillinge sind für mich immer mit der zwei verbunden und der Tischler mit der vier (weil er Tische und Stühle mit vier Beinen baut). Sucht euch Kombinationen, die euch sinnvoll erscheinen oder die gut zu merken sind. In der dritten Spalte platziert ihr ein Verb, dass gut zu dem Ding in der zweiten Spalte passt. Zu kompliziert? Ich hab hier mal eine Beispieltabelle für euch.

Zahl	Person	Verb oder Objekt
1	Einhorn	brennen/Feuer
2	Zwillinge	klatschen/Hände
3	Neptun	fotografieren/Stativ
4	Tischler	schreiben/Brief
5	Elefant	treten/Fuß
6	Croupier	würfeln/Würfel
...	...	...

Wenn ihr das geschafft habt, prägt euch diese Verbindungen gut ein. Das müsst ihr nur einmal machen, denn sobald ihr sie fest im Kopf habt, könnt ihr sie immer wieder schnell und unkompliziert anwenden. Jetzt könnt ihr euch Zahlenkombinationen merken, in dem ihr eine Geschichte aus euren Pärchen macht. Die 12 merkt ihr euch dann einfach so: Die Das Einhorn läuft vor den Zwillingen davon, weil sie beide auf ihm reiten wollen. Das könnt ihr natürlich ewig weiterführen und euch kinderleicht komplizierte Zahlenkombinationen merken. Oder ihr versucht euch selbst möglichst seltsame Reime oder einprägsame Sätze auszudenken. Beispielsweise lässt sich Stalins Todestag, der 5.3.1953, wunderbar merken mit: 5, 3, 5, 3 – mit Stalin war's vorbei. Habt ein bisschen Spaß beim Lernen und lasst eurer Fantasie freien Lauf. Je verrückter und seltsamer eure Eselsbrücke ist, desto länger werdet ihr sie euch merken. Gerade wenn die Zeit knapp wird und das Verstehen nicht mehr klappt oder es schlicht Dinge sind, die nur auswendig zu lernen sind, ist es sehr hilfreich. Fakten, die man aus irgendeinem Grund einfach nicht in den Kopf bekommt, bleiben plötzlich präsent, wie mit Schrauben dort befestigt.

Anreize

Nach ein paar Tagen des motivierten, intensiven Lernens kommen die meisten von uns an den Punkt, an dem sie einfach keine Lust mehr haben. Der Verstand sagt zwar „Weitermachen", aber hinter dem Verstand sitzt das kleine grüne Männchen, das anfängt zu sabotieren. An dieser Stelle können kleine Belohnungen helfen, um die eigene Motivation lebendig zu halten. Immer, wenn man eine Etappe geschafft hat, kann man sich etwas Gutes tun. Das muss nicht immer das Stück Schokolade mit Kuhflecken sein, obwohl die wirklich sehr lecker ist, sondern kann auch einfach einen Tasse Kaffee in der Sonne auf dem Balkon sein, ein Telefonat mit einer lieben Freundin oder das Benutzen der tollen Handcreme, die man sonst immer aufspart. Es helfen auch kleine Versprechen an sich selbst, z.B. „Wenn ich den ganzen Tag produktiv war und das Tagesziel geschafft habe, gibt es abends einen Serienmarathon oder das leckere Essen vom Italiener um die Ecke". Sich selbst auf die Schulter zu klopfen und mit einer Kleinigkeit zu belohnen ist wichtig, und nicht nur nach dem großen Test, sondern auch nach dem unangenehmen Kapitel und der blöden Hausaufgabe. Regelmäßige kleine Belohnungen können der Schlüssel sein.

Grenzen

Manchmal erfasst einen am Morgen der Prüfung nochmal der Drang, doch noch den einen komplizierten Absatz zu lernen. Klingt zwar erstmal nach einer guten Ambition, tatsächlich kriegt man aber so kurz vorher keine Information mehr dauerhaft in den Kopf. Besser ist es, in Ruhe die Hauptpunkte oder auch Mindmaps nochmal zu überfliegen und sicherzustellen, dass alles noch im Kopf ist. Wenn ihr jetzt feststellt, dass ihr irgendwas immer noch nicht könnt, entspannt euch. Fokussiert euch nicht darauf, was ihr nicht könnt, sondern darauf, was ihr könnt. Egal, wie erfolgreich euer Lernprozess war, ihr wisst jetzt mehr als vorher.

Wissenschaftliche

Hausarbeiten

Modul: Richtig gute Hausarbeiten schreiben
Seminar: Richtig gute Hausarbeiten schreiben

01.02.2345

Titel Titel Titel Titel Titel Titel Titel Titel Titel Titel

→ Eine Musterseite für das Deckblatt einer Hausarbeit ist im Anhang zu finden.

Hausarbeiten sind so eine Sache für sich. Sie können Spaß machen und einem viel beibringen, aber bei der ersten fühlt man sicher eher, wie ein Zebra auf dem Baum ... irgendwie unfähig und irgendwie fehl am Platz. Fühlt euch aber nicht schlecht, kleine Zebras, denn das geht uns fast allen mal so. Je nachdem was ihr studiert, werden Hausarbeiten für euch ein kontinuierlicher Begleiter sein.

Thema

Der erste Schritt ist die Themenfindung. Abhängig vom Studium oder den jeweiligen Dozenten sind die Themen entweder fest vorgegeben oder man muss sie sich selbst suchen. Habt ihr die Wahl zwischen verschiedenen Themen, entscheidet euch immer für eins, das euch am meisten interessiert. Ihr werdet euch in den nächsten Tagen, Wochen, vielleicht sogar auch Monaten damit beschäftigen, und solltet dem Ganzen nicht ganz abgeneigt sein. Ignoriert man diesen Schritt, landet der Laptop gerne mal aus Versehen an der Wand. Unerwartete Ausgaben! Wenn man sich ein Thema selbst aussuchen kann, hat das den Vorteil, dass man mehr Rücksicht auf seine eigenen Interessen nehmen kann. Es besteht aber auch die Gefahr, ein unglückliches Thema zu wählen, es nicht gut abzustecken oder durch eine leichte Überforderung gar keins zu finden. Ein guter Tipp ist es, sich schon während des Semesters mögliche interessante Themenbereiche oder Fragestellungen aufzuschreiben. Manchmal hat man während eines Referates spontan eine Idee, manchmal bei der Recherche in der Bibliothek. Haltet einfach alles schriftlich fest, ohne es zu werten oder länger drüber nachzudenken.

Wenn es dann an die Themenfindung geht, guckt ihr einfach auf eure Liste und entscheidet, ob euch eine Idee anspricht. Wenn ihr nichts findet, könnt ihr auch versuchen, euch an den Referatsthemen des Semesters zu orientieren oder den Dozenten um Rat zu bitten. Definitiv solltet ihr euch nie ohne eine Miniliteraturrecherche für ein Thema entscheiden. *Been there. Done that.* Es ist nämlich richtig super, mitten in der Arbeit an der Hausarbeit festzustellen, dass es nicht ausreichend Literatur zum Thema gibt oder bereits alles dazu lückenlos erforscht ist. „Hallo Herr oder Frau Dozent, da bin ich wieder. Ich dachte mir, ich fange einfach nochmal von vorne an. Ist das Okay? Cool." *Ironie aus* Neben der Recherche in der Bibliothek können auch Internetquellen helfen. Aber psst, das hören die Lehrkörper nicht gern. Wikipedia und Co. sind natürlich keine nutzbaren Quellen für wissenschaftliche Hausarbeiten, aber unter vielen Artikeln stehen Literaturangaben, die die Suche definitiv erleichtern. Widersteht aber der Versuchung, Abschnitte zu kopieren, denn dummerweise ist die Googlesuche auch bei den Dozenten angekommen und spätestens seit Guttenberg kann man sich mit dem Zitieren nach Gutsherrenart sehr unbeliebt machen. Online-Datenbanken wie Google Books oder Google Scholar sind gute Möglichkeiten, um schnell an passende Literatur zu kommen. Ihr solltet euch die gefundenen Quellen auf eine Liste schreiben und vereinzelt reinlesen, um festzustellen, ob sie nutzbar sind. Das kostet zwar zwei Nachmittage, verhindert aber, das gemeine Pony-klebt-an-Stirn-Gefühl, verbunden mit Nächten voller Panik, wenn man wenige Wochen vor Abgabe das Thema neu suchen muss, weil das alte nicht realisierbar ist. Aus Erfahrung einer anfangs bequemen Studentin: Das ist nicht schön! Meist bekommt man durch die Literaturrecherche auch schon eine grobe Idee, welche Fragestellung sich für die Hausarbeit anbietet. Anders als in der Schule könnt ihr nicht einfach über ein Thema generell schreiben, sondern müsst eine konkrete Fragestellung beantworten. Ihr könnt also nicht einfach über den Ersten Weltkrieg schreiben, sondern müsst euch überlegen, was für einen Aspekt man genauer untersuchen sollte. Wie wurde die Propaganda seitens Englands, Frankreichs oder Deutschlands organisiert? Wie hat Ernst Jünger in seinem Roman den Ersten Weltkrieg dargestellt und warum? Wie wurde die Versorgungslage der Bevölkerung in besetzten Gebieten realisiert? Wenn ihr nicht gleich die zündende Idee habt, sammelt so viele Fragestellungen wie euch einfallen und überlegt für jede mögliche Teilbereiche. Welche Dinge sollte man beschreiben bzw. untersuchen, um am Ende die Fragestellung beantworten zu können?

Absprache

Im nächsten Schritt sucht ihr mit euren Fragestellungen, Teilbereichen und ungefähren Gliederungsideen das Gespräch mit dem Dozenten. Mehr noch als bei der Vorbereitung für Referate solltet ihr das auf keinen Fall vor oder nach einer Veranstaltung versuchen, sondern in die Sprechstunde gehen. So etwas braucht Ruhe, und ihr wollt am Ende die Arbeit motiviert beginnen und nicht mit einem Fragezeichen auf der Stirn. Das macht ein schlechtes Gefühl und sieht blöd aus. Stellt grob vor, was ihr in der Arbeit machen wollt, wie sie gegliedert sein soll und fragt definitiv nach Literaturempfehlungen. Selbst wenn eure eigene Liste schon sehr umfangreich ist, ist es immer gut zu wissen, welche Quellen der Dozent als besonders wichtig für das Thema ansieht und auch, ob er vielleicht selbst schon etwas zu diesem Thema veröffentlicht hat. Kümmert euch am besten um diese Absprachen und die erste Recherche, sobald ihr eine Idee für ein Thema habt, selbst wenn ihr erst viel später im Semester tatsächlich die Hausarbeit schreibt. So könnt ihr entspannt einen Schreibplan machen und wisst genau, wann ihr mit der Hausarbeit anfangen müsst, um genug Zeit zu haben.

Aufbau

Dokumentvorlagen zur Struktur von Hausarbeiten für Word und LibreOffice findet Ihr auf der Website zum Buch (organisella.de)

Achtung, ich eröffne euch jetzt ganz neue Welten. Das Erste, was in einer Hausarbeit zu sehen ist, ist das Deckblatt. Wow, was für eine Erkenntnis! Gerade weil es das Erste ist, was man sieht, sollte es einen guten Eindruck machen und einen kurzen Überblick darüber geben, worum es in der Arbeit geht. Wenn es eine Vorlage gibt, haltet euch einfach daran. Ansonsten sollte der Titel der Arbeit darauf zu sehen sein, der Name der Hochschule, der Name der Veranstaltung, der Name des Professors bzw. Dozenten, das jeweilige Semester, der eigene Name, Matrikelnummer, Adresse, in welchem Semester ihr seid und das Abgabedatum. Die zweite Seite ist im Normalfall das Inhaltsverzeichnis. Darin haltet ihr alle Teilbereiche durchnummeriert in der Reihenfolge fest, in der sie auch in der Arbeit erscheinen, und versieht sie am Schluss mit ihrer Seitenzahl. Die Überschriften sollten kurze knappe Formulierungen sein, die gut zum Inhalt des Kapitels passen. Das wirkt professioneller als „1. Das Kapitel über diese Sache mit dem Ersten Weltkrieg, die so komisch war und die ich selbst nicht richtig verstanden habe", 1.1 „Was mach ich hier eigentlich?" Je nachdem, um was für ein Thema es sich handelt, braucht ihr anschließend ein Abkürzungsverzeichnis. In dieses gehören natürlich nicht die gängigen Abkürzungen, wie z. B., usw., d. h., u. a., sondern die für euer Thema relevanten. Passt aber auf, dass ihr diese Abkürzung nicht nur im Abkürzungsverzeichnis erklärt, sondern auch einmal im Fließtext in Klammern, wenn ihr den abzukürzenden Begriff zum ersten Mal verwendet. Das sorgt für einen guten Lesefluss und das Verzeichnis ist nur als Erinnerungsstütze gedacht, auf die der Leser zurückkommen kann.

Anschließend beginnt der Fließtext mit der Einleitung. Darin gebt ihr eine kurze Einführung in das Thema und stellt eure Fragestellung vor. Für empirische Arbeiten ist es wichtig, auch den aktuellen Forschungsstand dazustellen, damit dem Leser klar wird, wo ihr ansetzen werdet und warum ausgerechnet da. Anschließend beschreibt ihr, welche Bereiche ihr im Folgenden untersucht und wie ihr eure Forschungsfrage angehen werdet. Wenn es Dinge gibt, die man zu dem Thema auch beleuchten könnte, erwähnt diese und begründet, warum ihr euch entschieden habt, sie nicht in die Arbeit einzubeziehen. Ein Grund kann z. B. sein, dass die Betrachtung schlicht den Rahmen der Arbeit sprengen würden. So weiß der Leser sehr genau, worum es geht und was ihn in der Arbeit erwartet. Versucht euren Leser abzuholen und das Thema möglichst interessant darzustellen, um die Lust am Weiterlesen zu wecken. Ja, wir wissen alle, dass die Professoren und Dozenten die Arbeit lesen müssen, aber wenn ihr ihnen Lust darauf machen könnt, ist das definitiv ein Vorteil. Am Beginn des Hauptteils solltet ihr grundlegende Informationen und Definitionen geben, die helfen, in das Thema einzusteigen und die folgenden Kapitel besser zu verstehen. Anschließend folgen die Hauptkapitel, in denen ihr eure eigentliche Fragestellung untersucht, systematisch beantwortet und euch kritisch damit auseinander setzt. Solltet ihr eine empirische Datenerhebung machen, ist es natürlich wichtig, auch euer Experiment zu beschreiben und sowohl Erfolg der Durchführung als auch die Auswertung objektiv darzustellen. Nachdem ihr euer Vorgehen und die Ergebnisse präsentiert habt, solltet ihr den Bogen zu eurer anfänglichen Fragestellung schlagen und alles miteinander in Beziehung setzen. Ist die Frage beantwortet worden? Wenn nicht, warum ist das nicht möglich? Kann sie überhaupt eindeutig geklärt werden, oder gibt es vielleicht mehrere Lösungen? Werdet nicht zum Panikhörnchen, wenn ihr keine eindeutige Antwort finden könnt. Wissenschaft ist auch, Grenzen festzustellen. Wenn ihr an dieser Stelle den Eindruck habt, dass ihr mit der Untersuchung eines anderen Teilbereiches vielleicht eine Antwort auf die Fragestellung bekommen hättet, erwähnt auch das. Im Fazit fasst ihr dann die wesentlichen Punkte noch einmal kurz zusammen, um schließlich die Erkenntnisse zu bewerten. Welche Fakten konnte die Arbeit herausstellen und welche neuen Fragen ergaben sich daraus? Wo könnte eine neue Arbeit zu dem Thema ansetzen?

- Deckblatt
- Inhaltsverzeichnis
- Abkürzungsverzeichnis oder sonstige Verzeichnisse
- Einleitung
- Hauptteil (Grundlagen, Hauptkapitel)
- Fazit
- Literaturverzeichnis
- weitere Anhänge, wie Grafiken, Bilder, Tabellen, Protokolle, Fragebögen, usw.

Form

Neben dem Inhalt legen viele Dozenten auch auf Formalitäten sehr viel Wert. Einige bewerten eine Arbeit sogar schlechter, nur weil ihnen die Zitierweise nicht zusagt, deshalb würde ich in diesem Fall empfehlen, auch dies in der Sprechstunde abzusprechen. Selbst in technischen Studiengängen wird nicht nur der Inhalt, sondern auch die Form bewertet: Schriftgröße, Rand, Zitierweise, Quellenangabe, Zeilenabstand usw. Da aber auch in der Sprechstunde nicht unendlich viel Zeit bleibt, ist es ratsam, mit Beispielen zu arbeiten und eher Vorschläge zu machen, die der Dozent bejahen oder verneinen kann. „Wie soll ich zitieren?", klingt nicht so vorbereitet wie „Ist es ihnen Recht, wenn ich in Fußnoten zitiere oder soll das im Fließtext passieren?" Insgesamt wird einem aber selten der Kopf abgerissen, solange man alles einheitlich hält, also z.B. alle Überschriften in Schriftgröße 14, fett und mit einem Absatz darunter. Wenn ihr Vorgaben habt, ist es am Besten, ihr haltet euch daran. Habt ihr die nicht, helfen euch vielleicht meine kleinen Hinweise. Im Normalfall sollte der Rand überall 2,5 cm und am rechten Rand 3,5 cm betragen, damit Platz für die Korrekturen des Dozenten und die Bindung ist. Die Schriftart sollte schlicht und unauffällig sein. Auch wenn außergewöhnliche Schriftarten unheimlich Spaß machen können, sind sie eher nichts für wissenschaftliche Arbeiten. Ich hoffe trotzdem heimlich, dass ich mal eine wissenschaftliche Abhandlung in Comic Sans sehe. Ihr und eure Ausarbeitungen sollten aber professionell wirken, damit sie ernst genommen werden, und da bieten sich eher *Serifen-Schriftarten* an, wie Times New Roman oder Garamond, weil sie den Blick besser leiten und dieses elendige in-der-Zeile-verrutschen verhindern. Schriftgröße 12 ist üblich. Zu langweilig? Dann druckt euch einfach die Arbeit für euch in eurer Wunschschriftart aus und hängt sie an die Wand. Heimlicher, unbemerkter Sieg über die langweiligen Vorgaben. Ha! Ich gebe zu, dass habe ich tatsächlich mal aus lauter Frust gemacht.

Überschriften der einzelnen Punkte und Unterpunkte solltet ihr durchnummerieren und ein bisschen hervorheben. Allerdings ist es nicht hilfreich, sie in Schriftgröße 72 zu präsentieren. Wenn so eine Überschrift plötzlich mehrere Seiten umfasst, zerstört das ein wenig das Gesamtbild und könnte und den Eindruck erwecken, dass ihr Platz schinden wollt. Der *Zeilenabstand* sollte 1,5 betragen und der Text in Blocksatz stehen. Bevor ihr euer Werk ausdruckt, beauftragt euer Schreibprogramm mit der *automatischen Silbentrennung*. Das lässt den Text insgesamt sehr viel besser aussehen und was haben wir gerade gelernt: Die Form ist wichtig.

Zitieren von Quellen ist auch so eine Sache, denn damit weist ihr nach, woher die Informationen sind. Es ist wichtig, dass ihr dabei sehr gründlich seid, sonst könnte man euch Betrug vorwerfen. Man kann indirekt zitieren, indem man den Inhalt mit eigenen Worten wiedergibt oder man tut das direkt, zitiert also wortwörtlich. Indirekte Zitate lassen sich mithilfe einer Fußnote kennzeichnen oder direkt am Ende des Satzes in Klammern. Direkte Zitate sollten in Anführungsstrichen stehen und wenn sie länger als drei Zeilen sind, kann man sie einfach per Tab einrücken, auf 10 ppt verkleinern und dahinter die Quellenangabe setzen. Für das Zitieren im Fließtext ist es besonders wichtig, den Nachnamen des Autoren zu nennen, das Erscheinungsjahr und die Seitenzahl. Alle anderen Informationen können bei Bedarf dem Literaturverzeichnis entnommen werden. Wenn ihr das gemacht habt, kann euch nichts mehr vorgeworfen werden.

Kleiner Tipp:
Es gibt auch kostenlose Literaturverwaltungsprogramme, die sich in verschiedene Schreibprogramme einbinden lassen. Sie helfen beim Erstellen von Literaturverzeichnissen und lassen sich kinderleicht an verschiedene Vorgaben anpassen.

So gewissenhaft wie ihr zitiert, müsst ihr euch auch um euer Literaturverzeichnis kümmern. Wenn ihr bei der Stoffsammlung die Quellen schon festgehalten habt, müsst ihr sie nur noch in Monographien, Zeitschriften, Sammelbände und Internetquellen unterteilen, alphabetisch sortieren und fertig.

Das mag nach unwichtigem Kleinkram klingen, aber es ist so schade, wenn man perfekt recherchiert hat, inhaltlich alles passt und man nur schlechter bewertet wird, weil die Form nicht stimmt. Präsentiert eure Ergebnisse so professionell wie ihr könnt, dann wird eure Arbeit entsprechend gewürdigt.

Schreibplan

Der Schreibplan funktioniert zwar ähnlich wie der Lernplan, denn wir planen wieder rückwärts vom Abgabetermin ausgehend, man sollte aber zusätzlich Dinge beachten. An manchen Universitäten wird je nach Art der Arbeit eine feste Buchbindung gefordert. Das bedeutet für euren Schreibplan, dass ca. drei Tage vor Abgabetermin die Arbeit zum Binden gebracht werden sollte. Wenn ihr auf Nummer sicher gehen wollt, macht am besten einen Termin in eurem Copyshop, denn wenn ein ganzer Jahrgang auf einmal seine Arbeiten zum Binden bringt, reichen vielleicht auch keine drei Tage mehr. Auch Copyshopmitarbeiter sind keine Superhelden. Schade eigentlich! Wenn ihr die Arbeit allerdings in elektronischer Form per Mail abgeben müsst, könnt ihr euch diesen Schritt sparen und habt ein bisschen mehr Puffer.

Außerdem braucht ihr für jede Hausarbeit ein bisschen Zeit, um zu korrigieren und auch Andere Korrektur lesen zu lassen. Nicht selten verliert man im Schreibprozess den Blick für die Kleinigkeiten. Kontrolliert eure Arbeit trotzdem nach Formulierungsfehlern, Wortwiederholungen und Rechtschreibfehlern. Wenn euch letzteres nicht so leicht fällt, kann ich die Textprüfung auf duden.de empfehlen. Trotzdem fallen einem manchmal grobe Schreibfehler und halbfertige Sätze nicht mehr auf. Also ist es wichtig jemanden zu finden, der die Arbeit vor der Abgabe noch einmal durchliest und auf Fehler untersucht. Das können Kommilitonen sein, aber auch Menschen außerhalb des Studiums, denn dann kann man zusätzlich kontrollieren, ob man alles verständlich beschrieben hat. Für diesen Schritt würde ich je nach Umfang der Arbeit mindestens eine Woche einplanen, denn gestresste Korrekturleser sind nicht so aufmerksam.

Im letzten Schritt des eigentlichen Schreibprozesses solltet ihr sowohl die Einleitung als auch das Fazit schreiben. Warum erst jetzt und beides zusammen? Für das Gesamtbild der Arbeit ist es wichtig, dass die Fragestellung, die in der Einleitung gestellt wird, im Fazit beantwortet wird. Schreibt man beides nacheinander, ist einem das präsenter und am Ende passt alles oft besser zusammen. Der Schritt davor ist für aufmerksame Leser, die nicht nebenbei YouTube-Videos gucken, logisch: Ihr müsst den Hauptteil formulieren. Für die Planung hilft es, diesen in die einzelnen Kapitel zu zerlegen und sich eher für Woche XY Kapitel D vorzunehmen. Bevor man mit dem Schreiben anfangen kann, muss man eine Stoffsammlung anfertigen. Das kann man machen, wie es für einen am besten funktioniert. Ich habe mir grundsätzlich für jede Quelle ein extra Dokument gemacht und in der Kopfzeile die Informationen, wie Titel, Autor, Erscheinungsjahr, Verlag usw. in der Form festgehalten, in der sie am Ende auch im Quellenverzeichnis stehen sollen. Denn doppelte Arbeit ist eine miese Socke und auch wenn ich mir hundertmal sage, dass ich mir das schon merke, ist es doch nach dem nächsten Kaffee wieder aus meinem Kopf gepurzelt. Anschließend habe ich mir in Klammern die jeweilige Seite festgehalten und die darauf relevanten Informationen. So ist es später beim Formulieren jederzeit möglich, die genaue Seitenangabe zu machen und man verfällt nicht in panisches Gesuche.

Wenn ein oder mehrere Sätze einer Quelle besonders gelungen oder unveränderbar waren, habe ich sie mir in Anführungszeichen wörtlich aufgeschrieben, um sie anschließend in der Arbeit direkt zitieren zu können. Nachdem ich alle relevanten Informationen gefiltert hatte, wurden sie Stück für Stück in die passenden Kapitel meiner Arbeit kopiert und mit meinen eigenen Erkenntnissen und Beispielen kombiniert. Aber Achtung: Die eigene Meinung hat im Hauptteil einer wissenschaftlichen Arbeit nichts zu suchen. Die könnt ihr euch für das Fazit aufheben. Es geht um die Erkenntnis, nicht die Meinung. Damit man nicht den Überblick darüber verliert, welche Information woher gekommen ist, kann man gut mit Farben arbeiten und jeder Quelle eine andere zuordnen. Wenn alle Informationen aus der Literatur und dem eigenen Kopf im richtigen Kapitel stehen, sieht alles wundervoll bunt aus und es geht ans Ausformulieren. Manchmal ist gerade der Anfang schwer, denn so ein weißes Blatt hat ein unheimlich fieses Grinsen. Lasst euch nicht einschüchtern. Wenn ihr den Anfang nicht findet, fangt in der Mitte an und arbeitet euch langsam vor. Die perfekte Formulierung kommt leider selten einfach um die Ecke spaziert. Manchmal muss man sich erstmal mit Stichworten und Halbsätzen helfen, bis man eine Vorstellung davon bekommt, wie man etwas ausdrücken will. Schreibt erstmal einfach drauf los, denn die Sätze hinterher zu verbessern, ist viel leichter. Wenn sich irgendwo Fragen auftun, die ihr euch selbst nicht beantworten könnt, zögert nicht, den Joker zu ziehen und einfach euren Dozenten um Hilfe zu bitten. Oft können sie einem den richtigen Hinweis und damit den Schubs – oder für Leute, die schwer von Begriff sind den Rammbock – in die richtige Richtung geben.

Gerade bei der ersten wissenschaftlichen Hausarbeit ist es sehr schwer einzuschätzen, wie lang man wofür brauchen könnte, also fangt lieber zu früh als zu spät an und beobachtet euch gut selbst, um für die nächste Arbeit klüger zu sein. Einige Dinge werden euch schwerer fallen als andere, und dafür solltet ihr bei der nächsten Arbeit dann mehr Zeit einplanen.

Tricks

Um kontinuierlich dran zu bleiben und nicht gegen Keine-Lust-Tage kämpfen zu müssen, hilft es, sich in der intensiven Schreibphase feste Arbeitszeiten vorzunehmen. Man bummelt so weniger, ist insgesamt effektiver und hat feste Endpunkte. So wacht man nicht um 23 Uhr mit dem Kopf auf dem Bibschreibtisch liegend auf, mit einem Notizblatt, das einem an der Wange klebt und einem besorgten Blick der Bibliotheksmitarbeiterin vor Augen. Pausen sind wichtig, und ihr werdet viel produktiver sein, wenn ihr wisst, dass irgendwann Feierabend ist. Für Hausarbeiten ist es sehr naheliegend, in der Bibliothek zu arbeiten, denn die nötige Literatur ist bei Bedarf direkt griffbereit. Außerdem kann man sich so mit Leidensgenossen verabreden, gemeinsam arbeiten und in der Pause über Dinge austauschen, die funktionieren und Momente, in denen es nicht vorwärts geht. Gemeinsam ist es leichter als allein, an seinem Schreibtisch zu sitzen, in einer dunklen Winternacht, nur im Kerzenschein, unter einem knarrende Dielen ... ja, ich glaube, ihr versteht das Bild. Für mich war zu Hausarbeitszeiten klar: Solange die Arbeit nicht fertig ist, bin ich von 9 bis 18 Uhr in der Bibliothek und arbeite. Danach ist Feierabend, Ruhe und Zeit für bunte Zeitschriften, witzige Serien, Schokolade und Freunde.

Prokrastination

Ob Student oder nicht, jeder kennt folgende Situation: Man hat eine unheimlich wichtige Aufgabe. Es sind vier unbeantwortete Erinnerungsmails einer unheimlich wichtigen Person im Postfach und im unheimlich wichtigen Kalender sieht man, dass es nur noch drei Tage bis zur unheimlich wichtigen Abgabe sind und man liegt entspannt – mit schlechtem Gewissen, aber entspannt – auf dem Bett und guckt das 53ste Nur-noch-ein-Video auf Youtube. Warum tun wir das? Fehlt uns der Muttiteil im Gehirn, der uns in den Hintern tritt oder gibt es keine genetische Erklärung und wir sind einfach nur faul? Tatsächlich sind wir nicht grundlos lustlos. Die meisten von uns fangen immer aus den gleichen Gründen an zu prokrastinieren, und wenn man sich diese bewusst macht, ist es leichter, dagegen anzugehen. Manchmal sind es nur Kleinigkeiten. Sind Instagram, YouTube und Facebook eure besten Freunde, die euch oft zwingen, die Arbeit auf den letzten Drücker in die Nacht zu verschieben? Dann solltet ihr vielleicht mal nach der zauberhaften Einstellung am Smartphone suchen, die sich Flugmodus nennt.

Stress

Seid ihr nach nur wenigen Stunden vollkommen fertig mit der Welt und wollt Dornröschen Konkurrenz machen? Dann fehlen sehr wahrscheinlich regelmäßige kleine Pausen. Die kriegt man wunderbar mit der *Pomodoro-Technik* in seine Arbeitsroutine. Im ersten Schritt schreibt man sich dafür die Aufgabe, die man im ersten Arbeitsabschnitt erledigen will, auf ein Blatt. Das hilft dabei konkret zu formulieren, sich auf das Wesentliche zu konzentrieren und große Aufgaben in kleine Teile zu teilen. Anschließend stellt man sich seinen Wecker auf 25 Minuten und arbeitet so lange an der Aufgabe, bis die Zeit vorbei ist. Im Idealfall formuliert man die Aufgabe so, dass sie in dieser kurzen Zeit machbar ist: also statt „Kapitel XY schreiben" lieber „eine halbe Seite von Kapitel xy formulieren". Anschließend macht man fünf Minuten Pause, in der man Musik hört oder träumt. Hauptsache, man kümmert sich in der Zeit nicht um die Aufgabe. Nach fünf Minuten folgen wieder 25 Minuten Arbeit. Wenn man diesen Arbeit-Pause-Wechsel viermal geschafft hat, gibt es eine große Pause von 15 bis 20 Minuten. Auf diese Weise ist das Anfangen leichter, man arbeitet fokussierter und wird nicht so leicht abgelenkt.

→ Das Blatt für die Pomodoro-Technik gibt's natürlich auch wieder online oder im Anhang.

Druck und Selbstzweifel

Gerade Menschen, die viel von sich erwarten, erhöhen oft unbewusst den Druck auf sich selbst. Wir wollen alle erfolgreich sein und gute Ergebnisse erzielen. Vielleicht seid ihr gewohnt, zu den Besten zu gehören und habt Angst davor, dass sich das im Studium ändern könnte. Oder der reine Anblick des Pensums gibt euch das Gefühl, dass es unmöglich wird, das ohne Mirakulix' Zaubertrank zu schaffen. Niemand will sich etwas stellen, wenn er sicher ist, dass er scheitern wird, ganz einfach, weil sich Scheitern blöd anfühlt. Ich kenne dieses ich-werde-es-nicht-schaffen-Gefühl nur zu gut und oft ist es begleitet von dem Nur-ich-bin-unfähig-Gedanken. Tatsache ist, ihr seid damit nicht allein. Auch wenn es von außen nicht so aussieht, geht es dem Großteil der Studenten genau wie euch. Der Trick ist, Wege zu finden, wie man die Überforderung in den Kellerschrank sperren kann. Eure Gedanken spielen dabei eine große Rolle, denn sie bestimmen euer Gefühl. Erinnert euch daran, dass ihr schon andere Dinge geschafft habt, von denen ihr dachtet, dass sie nicht machbar sind und dass es kein Weltuntergang ist, zu scheitern. Ich habe am meisten über Organisation und Zeitmanagement von den Prüfungen gelernt, die ich verhauen habe, denn sie haben mir gezeigt, dass meine Art der Vorbereitung schlecht war. Mal habe ich zu wenig gemacht, mal zu viel, aber mit der falschen Methode. Jedes Mal, wenn ich unzufrieden mit einem Ergebnis war, habe ich wieder ein bisschen mehr verstanden, was ich falsch mache. Meine erste mündliche Prüfung war die absolute Katastrophe. Ich habe mich gut vorbereitet, aber mir im Kopf solchen Druck gemacht, dass ich einen Blackout hatte. Während der Dozent wirklich lieb versucht hat, mir bei der Fadensuche zu helfen, habe ich mir Gedanken darüber gemacht, was das für ein Fleck da hinten an der Wand ist. Erst hinterher habe ich verstanden, dass ich Ruhe in mein Lernen kriegen muss und dass ich früh genug damit anfangen sollte, damit sich alles wirklich in meinem Kopf setzen kann. Mein zweite mündliche Prüfung habe ich mit einer 1,0 bestanden, weil ich wusste wie. Ein Studium beginnt man nicht als perfekte Lernmaschine, die alles richtig macht, sondern als junger Mensch, der gerade noch Schüler war und jetzt lernen will, in der richtigen Welt zu überleben. Das geht nicht von heute auf morgen, sondern braucht ein paar Stolperer und in meinem Fall sogar einige Schürfwunden an den Knien. Ohne die bleibt man auf der Stelle stehen, mit ihnen kommt man seinem Ziel Schritt für Schritt näher. Solange ihr euer Bestes gebt, euch so gut wie möglich überwindet etwas zu tun und euch diesen gruseligen Prüfungssituationen stellt, habt ihr gewonnen. Unabhängig davon, wie das Ergebnis aussieht. Für jeden einzelnen von uns gibt es Dinge und Methoden, die uns helfen, produktiv zu sein. Unsere Aufgabe ist, sie zu finden. Also atmet und erwartet keine perfekten Ergebnisse, sondern nur, dass ihr euer Bestes gebt.

Das richtige Ziel

Manchmal schiebt man Dinge aber auch auf, weil man in sich einen kleinen stillen Zweifel hat. Nicht wenige Studenten entschieden sich für ein Studium, weil sie glauben, dass das von ihnen erwartet wird. Sie wählen es nicht, weil es sie interessiert oder ihnen am Ende einen Job ermöglicht, den sie sich erträumen. Vielleicht tun sie das, um niemanden zu enttäuschen oder weil sie nicht ehrlich zu sich selbst sind. Fakt ist, dass man vor allem in Dingen gut ist und sich dafür motivieren kann, die einen ansprechen und Spaß machen. Kennt ihr diese Menschen, die scheinbar nie schlafen und unheimlich viel in kurzer Zeit schaffen, ohne vollkommen gestresst zu sein? Das sind Menschen, die tun was sie lieben. Natürlich gibt es auch im tollsten Studium Phasen, durch die man sich durchbeißen muss und auf die man keine Lust hat, aber wenn man nur noch lustlos und gestresst ist, sollte man in sich gehen und wirklich hinterfragen, ob das der richtige Weg ist. Es ist kein Versagen, wenn man feststellt, dass ein Studiengang oder auch das Studieren an sich nichts für einen ist, aber es ist Versagen, wenn man sich selbst kontinuierlich unglücklich macht, weil man die eignen Signale ignoriert. Für ein Ziel zu kämpfen, das man nicht erreichen will, ist doppelt so schwer, und es ist kein Wunder, wenn man sich dann mit Keksen auf der Couch wiederfindet, statt mit dem Notebook in der Bibliothek.

Wer jetzt noch einen kleinen Schubs braucht, findet den mit Sicherheit in diesem Video.

Zukunft

Der Gedanke an das „danach" begleitet uns alle durchs Studium. Die einen haben in ihm einen guten Freund, der von dem Moment erzählt, an dem sie den tollen Job beginnen können, für den sie so hart arbeiten. Für die anderen ist er der blöde Kerl, der nachts am Bett sitzt und gruselig das Wort Zukunft brüllt. Für mich war das Ende des Studiums beängstigend und mit viel Unsicherheit verbunden. Vor allem, weil ich das Gefühl hatte, niemanden zu haben, der mir einen Tipp geben kann, wie es weitergeht. Ich glaube, es ist wichtig zu erkennen, wenn man an eine Grenze kommt. Ich kann euch keine für alle Studiengängen allgemeingültigen Tipps geben, die jedem von euch einen guten Start ins Berufsleben ermöglicht. Aber ich kann kluge Menschen bitten, die vielleicht einige Antworten auf eure Fragen haben. Zwei Absolventen und drei Dozenten haben sich die Zeit genommen, hilfreiche Anhaltspunkte zu sammeln, die euch wirklich nützlich sein können. Als Absolvent hat man das Studium zwar schon einige Zeit hinter sich, steht aber mit beiden Füßen im Arbeitsleben und merkt genau, welche Dinge, die im Studium getan oder nicht getan wurden, sich wirklich auszahlen und was aktuell auf dem Arbeitsmarkt gesucht wird. Die Dozenten haben in ihrem Alltag ständig mit Studenten zu tun und sehen mit Abstand, welche Herangehensweise zum Erfolg führt. Ich habe mit ihnen Telefoninterviews geführt und sie ausgequetscht und sie hatten so viele interessante Hinweise, dass ich sicher bin, dass ihr davon profitiert.

Veränderung heißt Loslassen.

Ella TheBee

Absolventen

Laura Degen

Master of Arts Germanistik
Universität Leipzig
Selbstständige Lektorin

Zum Studium

Germanistik ist geteilt in Sprach- und Literaturwissenschaft. Sprachwissenschaft ist nochmal unterteilt in Sprachgeschichte, also der Entwicklung der Sprache vom Althochdeutschen bis heute, in vergleichende Sprachwissenschaft, wie der Untersuchung von Dialekten und der allgemeinen Sprachwissenschaft, in der man den Aufbau der deutschen Sprache genau untersucht. Im Bereich Literaturwissenschaft wendet man sich der älteren und neuen deutschen Literatur zu und analysiert Werke und deren Entwicklung vom Mittelalter über Klassik, Romantik bis in die Gegenwart. Man lernt wissenschaftliches Arbeiten und den sicheren Umgang mit Texten. Die Gewichtung des Studiums kann man zum Teil selbst entscheiden. Natürlich hat man einen Seminarplan, der Pflichtmodule enthält, aber bei anderen Dingen hat man Wahlfreiheit und kann seinen Interessen nachgehen. Wie einer meiner Dozenten gesagt hat: „Man kann durch das Germanistikstudium kommen, ohne einmal die Buddenbrooks gelesen zu haben." Mich hat sehr die Sprachgeschichte interessiert. Wie ist die Sprache heute zu dem geworden, was sie ist? Wie sind Dialekte entstanden und wie haben sie sich über die Zeit verändert? Diese Fragen fand ich besonders fesselnd, weil sie einem im Leben auch in der ein oder anderen Form begegnen und man im Studium endlich eine Antwort darauf bekommt. In der Literaturwissenschaft hat es mir die Mediävistik, also die Texte rund ums Mittelalter angetan, ganz einfach, weil diese Zeit für mich schon immer interessant war.

Zukunftschancen

Das Germanistikstudium ist vor allem spannend, weil es ein offenes Studium ist, denn man ist ja anschließend nicht auf einen Beruf festgelegt. Man muss also im Studium selbst herausfinden, was einem Spaß macht und was nicht, und dabei meine ich nicht nur das Inhaltliche, sondern auch die Herangehensweisen. Findet man z.B. das Forschen spannend? Germanistik kann man beruflich pur vor allem an der Uni betreiben, als Doktorand oder Wissenschaftler. Auch auf dem Arbeitsmarkt kann man viele Ansatzpunkte des Studiums gut gebrauchen. Aspekte, die man zu Bibeltexten gelernt hat, finden z.B. Anwendung in künstlerischen Bereichen. Ansonsten ist das sichere Schreiben von flüssigen, strukturierten und gut recherchierten Texten etwas, was man für nahezu jeden Bereich brauchen kann. Für das Berufsleben ist es für angehende Germanisten von Vorteil, sich möglichst früh auf ein Gebiet festzulegen und sich darin weiterzuentwickeln, denn nach dem Abschluss wird man häufig nach den Interessen im Studium für einen Arbeitgeber interessant oder eben nicht. Wenn man sich an der Uni vor allem mit Kinderliteratur beschäftigt hat, ist es schwierig, anschließend einen Job in einem Forschungsinstitut für mittelalterliche Texte zu bekommen.

Ich bin überzeugt, dass der Kontakt zu anderen Studenten sehr hilfreich ist. Zusammenarbeit ist in geisteswissenschaftlichen Studiengängen unheimlich wichtig, denn man kann so viel voneinander lernen. Gerade auch von Studenten in höheren Semestern kann man den ein oder anderen hilfreichen Tipp bekommen. Also würde ich sagen: Geht zu Treffen, vernetzt euch, denn allein kommt man schwerer voran. In einem Studium, das auf Rhetorik und Kommunikation aufbaut, sollte man auch seine soziale Kompetenz und das Zusammenarbeiten trainieren.

Ich würde auf jeden Fall empfehlen, Praktika zu machen oder sich einen studiumsnahen Nebenjob zu suchen. Es ist einfach wichtig, so früh wie möglich zu wissen, was es für berufliche Möglichkeiten für Germanisten gibt und welche für mich interessant sind. Das bekommt man am besten raus, indem man mal reinschnuppert. Außerdem trifft man so auch auf interessante Leute mit Jobs, die einen auch ansprechen, und kann sie dazu befragen, was sie gemacht haben, um an diesen Punkt zu kommen. Witzig und unglaublich beruhigend ist, dass die wenigsten einen stringenten Lebenslauf haben, sondern über Umwege zu ihrer Position gekommen sind.

Ich habe während des Studiums so einige Praktika gemacht, die ich mir immer in die Semesterferien gelegt habe. Zum Teil hat das gut geklappt, aber einmal hab ich mich übernommen. Da mussten über die vorlesungsfreie Zeit vier Hausarbeiten angefertigt werden und das kollidierte mit meinem Praktikum über sechs Wochen. Es ist nicht leicht, nach acht Stunden Arbeit noch die Kraft für die Recherche an Hausarbeiten zu finden, und das hat man dann auch leider am Ergebnis gesehen. Daraus habe ich gelernt und mich eben dann um Praktika bemüht, wenn weniger Hausarbeiten zu schreiben waren. Rückblickend waren die schlechteren Noten nicht so dramatisch, wie sie mir in diesem Moment vorkamen, aber sie waren schlecht für mein Selbstwertgefühl und das ist demotivierend fürs neue Semester. Ich denke, die Mischung macht's: Gut getimete Praktika und Bemühen um einen guten Abschluss.

Findet eine Lernform, die euch Spaß macht, denn dann bleibt man auch dran. Die einen können in der Gruppe besser lernen, die anderen brauchen Ruhe und wollen allein arbeiten und wieder andere brauchen die Mischung aus beidem. Ein Ort, an dem man gern lernt, ist auch hilfreich. Seid ihr vielleicht jemand, der sich zu Hause gut konzentrieren kann oder funktioniert es in der Bibliothek besser? Das kann sich aber auch verändern. Nur weil man sich in einem Semester im Lesesaal am wohlsten fühlt, muss es im nächsten Semester nicht genauso sein. Hört da einfach auf euch selbst.

Ich hab irgendwann auch gemerkt, dass ich einen Ausgleich zum Studium brauche. Also hab ich mir einen studienferneren Nebenjob besorgt und konnte da auch mal andere Dinge sehen und lernen. Manchmal tut es gut, sich nicht nur auf die Dinge zu konzentrieren, die einen beruflich weiterbringen, sondern einfach mal seinen Horizont in eine andere Richtung zu erweitern.

Markus Kretzschmar

Bachelor of Arts Medientechnik
Online Video Editor
Selbstständiger Fotograf
www.markuskretzschmar.com

Zum Studium

Medientechnik teilt sich in Digitalprint (Internet, Zeitungen usw.), Radio und Fernsehen und man erlernt den Umgang mit der Technik, die in diesen drei Bereichen verwendet wird. Von der Radiotechnik, Fernsehtechnik, Tontechnik über Foto- und Videobearbeitung bis hin zum Verfassen von Texten. Das Studium ist sehr praxisorientiert, denn man hat ab dem ersten Semester eine Kamera in der Hand. Das hat mir persönlich sehr gut gefallen. Fünf Semester studiert man an der Universität und das sechste wird geteilt: drei Monate Praktikum, drei Monate Bachelorarbeit.

Zukunfts- chancen

Die Medienstudiengänge sind sehr beliebt und teilweise überlaufen. Im Bereich der Printmedien hält sich das noch in Grenzen, aber sehr viele streben einen Arbeitsplatz im Fernsehen oder im Radio an, und da wird es zunehmend schwieriger. Ich habe die Erfahrung gemacht, dass die Leute, die sich früh auf etwas spezialisieren und gut darin sind, auch eine gute Chance auf Arbeit haben. Zum Beispiel könnte man sich eine Drohne kaufen und als Drohnenflieger selbstständig machen. Es gibt unzählige Möglichkeiten, man muss sich nur bemühen. Generalisten haben eher schlechte Chancen.

Zu Beginn des Studiums

Eine Ausbildung vor dem Studium ist etwas, das sich in solchen praktisch orientierten Studiengängen immer auszahlt. Wenn man das theoretische Wissen im Kopf mit praktischen Erfahrungen verbinden kann, versteht man schneller und hat es insgesamt leichter. Man muss sich gerade in diesem Studium viel aus eigenem Antrieb aneignen. Wenn man sich nicht kümmert, lernt man nichts. Niemand kommt und liefert einem das Wissen, was für einen selbst am wichtigsten ist. Wenn man in eine bestimmte Branche will, muss man Eigeninitiative zeigen und so viel darüber lernen wie möglich.

Abschlussnote vs. Praktika

Meiner Erfahrung nach sind Praktika unheimlich gewinnbringend, wenn man sie in einem Bereich macht, der einen besonders interessiert. Zum einen bekommt man so praktische Erfahrung und zum anderen kann man mal reinschnuppern, um festzustellen, ob das wirklich der perfekte Arbeitsplatz ist. Wenn es richtig gut läuft, kann man sogar den einen oder anderen Kontakt knüpfen, der einem später wieder eine Tür mehr öffnet. Die Noten waren bei mir eher zweitrangig.

Tipps

Wenn man im Studium fleißig und wissbegierig ist, kann man später tolle Jobs machen. Es lohnt sich!

Dozenten

Univ.-Prof. Dr. phil. Herbert Scheithauer

Professor für Entwicklungspsychologie und Klinische Psychologie
Freie Universität Berlin
www.developmental-science.de

Zur Person

Ich bin Professor für Entwicklungspsychologie und Klinische Psychologie und ich biete Lehrveranstaltungen an in den Bereichen Entwicklungspsychologie, Klinische Kinder- und Jugendpsychologie sowie Prävention. Darüber hinaus habe ich auch schon in anderen Bereichen Lehrveranstaltungen angeboten, z.B. in der Pädagogischen Psychologie. An meinen Vorlesungen nehmen nicht nur Psychologiestudenten teil, sondern auch Studierende aus der Erziehungswissenschaft, Ethiklehrerausbildung oder ganz anderen Bereichen. Außerdem bieten wir in meinem Arbeitsbereich an der Freien Universität Berlin natürlich auch durch unsere Präventionsprogramme und der Ausbildung von Multiplikatoren zur Umsetzung der Programme eine ganze Reihe an Fortbildungen an, in denen ich als Dozent dann in ganz anderem Kontexten in der Vermittlung von Information zu Präventionsprogrammen auftrete.

Zum Studium

Wenn man sich die Studierendenzahlen anschaut, kommt man sehr schnell zur Erkenntnis, dass „Psychologie" ein absolutes „In-Studium" ist. Wir haben einen unglaublichen Zulauf und Zuwachs an Studierendenzahlen und Interessenten. Ich kann das gut verstehen. Ich selbst bin mit Leib und Seele Psychologe, finde es superinteressant und spannend, was man alles mit Psychologie anfangen kann. Meine Erfahrung ist aber, dass sehr viele Menschen gar nicht genau wissen, was im Psychologiestudium im Einzelnen passiert und wie die einzelnen auch mit der Psychologie verbundenen Berufszweige aussehen. Einige haben eine vielleicht etwas verzerrte Vorstellung davon, was Psychologie ist. Das führt manchmal dazu, dass Studierende, die mit ihrem Studium anfangen, noch gar nicht die richtige oder eine ganz andere Vorstellung davon haben, was sie erwartet, und dann enttäuscht sind. Die meisten Leute, die Psychologie studieren, wollen eher in anwendungsorientierte Bereiche gehen, also z.B. Klinische Psychologie, als Therapeut oder Therapeutin arbeiten, als Schulpsychologe oder sie gehen in die Arbeits- und Organisations- bzw. Betriebspsychologie, Personalauswahl usw. Nur ein kleinerer Teil geht dann in ganz andere Bereiche, wie z.B. die Forschung.

Psychologen treten aber auch in Bereichen auf, in denen man sie zunächst nicht vermutet. Das Berufsfeld ist sehr breit. Im Studium hingegen werden insbesondere akademische Kompetenzen vermittelt: der Umgang mit Statistik, die richtige Einschätzung von statistischen Werten, aber auch praxisnah die richtige Verwendung diagnostischer Instrumente. Viele Studierende haben das im

Vorfeld gar nicht so richtig auf dem Schirm, sondern haben eine Vorstellung vom Psychologiestudium, die manchmal auch ein bisschen antiquiert wirkt. Wenn man draußen auf der Straße Menschen fragt, „Was ist denn für sie Psychologie?", dann hat man ganz häufig so ein stereotypes Bild: Psychoanalyse ist Psychologie. „Sigmund Freud, das war doch ein Psychologe." Das ist aber nur ein sehr kleiner Teilbereich der Psychologie, der an den meisten Universitäten – also im akademischen Bereich – heute auch keine so große Rolle mehr spielt, weil sich in der akademisch-wissenschaftlich ausgerichteten Psychologie andere Methoden in den letzten Jahren etabliert und durchgesetzt haben.

Zukunfts-
chancen

Das Psychologiestudium beinhaltet nicht nur die Vermittlung von Wissen, sondern auch das Erlernen von Skills, sodass man später auch in unterschiedlichen Bereichen mit einem Psychologiestudium praktisch arbeiten kann. Das macht die ganze Sache sehr attraktiv, gerade wenn man mit Menschen oder z.B. an der Schnittstelle Mensch und Technik arbeiten möchte. Da sind sicheres Grundlagenwissen und entsprechende Skills sehr wichtig.

Vor dem
Studium

Bei allem was man macht, sollte man sich im Vorfeld gut informieren: Was sind eigentlich meine Erwartungen an das, was ich studieren kann und was wird an der jeweiligen Bildungseinrichtung konkret angeboten? Durch die Bologna-Reform der Studiengänge haben wir teilweise sehr unterschiedliche Bachelor- und Masterstudiengänge im Bereich der Psychologie, mit ganz unterschiedlichen Schwerpunkten. Das merken wir besonders bei Auswahlverfahren von Masterstudierenden. Ich sollte im Vorfeld eine Ahnung haben, in welche Richtung ich eigentlich gehen will. Ich sollte sehr genau schauen, was steht online in den Angeboten der einzelnen Arbeitsbereiche bzw. Professuren in der Psychologie-Fakultät der jeweiligen Universität, nicht nur in der Studienordnung, denn die Studienordnung ist oftmals eher recht formal und beschreibt nicht immer gut konkrete Inhalte und Schwerpunkte. Ich würde auch immer dringlich empfehlen, gerade wenn man spezifische Interessen hat, dass man einfach mal reinschnuppert und ein paar Tage an der infrage kommenden Uni verbringt. Viele Dozenten lassen zu, dass man sich mal mit reinsetzt, um einen Eindruck davon zu bekommen. Viele Studenten wollen z.B. einen tiefenpsychologischen Schwerpunkt studieren und sind dann sehr enttäuscht, weil sie merken, dass sie an einer Uni studieren, wo das eigentlich überhaupt keine Rolle mehr spielt. Also ist es sinnvoll, dass ich mir im Vorfeld genau anschaue, was wird da an der jeweiligen Einrichtung, bei der ich mich bewerbe, gemacht? Viele Studierende lassen sich da, glaube ich, auch von anderen Dingen lenken: so steht vielleicht die Stadt bei der Auswahl im Vordergrund, und das kann dann dazu führen, dass das Studium nicht in die Richtung geht, wie ich mir das vorstelle.

Im Studium

Ich hab noch unter ganz anderen Bedingungen studiert. Heute ist es so, dass wir einen enormen Zeit- und Leistungsdruck haben und viele Studierende durchhetzen, um fertig zu werden. Mein Studium war eine Zeit, die ich genutzt habe, um mich als Mensch zu entdecken, aber auch, um mich thematisch nochmal umzuorientieren und auszuprobieren. Ich hab auch durch mein Studium gemerkt, dass anfängliche Vorstellungen sich doch nochmal verändert haben, weil ich auch das Glück hatte, im Studium die Möglichkeit zu haben, auch nochmal in andere inhaltliche Bereiche (von der Klinischen zur Forensischen zur

Arbeitspsychologie und wieder zurück zur Klinischen Psychologie) hineinzuschauen. Wenn man sich diese Zeit nicht nimmt, hat man meines Erachtens nach dem Studium eine wichtige Möglichkeit verpasst. Dazu zählt auch, dass ich mir Dinge anschaue, Praktika mache und mir vielleicht auch die Zeit für ein Auslands-(Erasmus)Studium nehme. Mir hat mal ein Student gesagt: „Ich würde gern für ein Semester ins Ausland gehen, aber dafür habe ich gar keine Zeit in meinem Studium." Das finde ich sehr bedenklich, denn man hat nur in der Zeit des Studiums die Möglichkeit, Auslandserfahrungen zu sammeln. Man muss als Student sehr eigenverantwortlich und organisiert mit dem Studium umgehen und sich selbst Räume schaffen und den Mut haben, sein Ziel zu verfolgen, denn es gibt immer Möglichkeiten und Wege z.B. mit den Studienbüros und Erasmusbüros oder den Dozenten vor Ort etwas zu organisieren, das auch in Regelstudienzeit realisierbar ist. Man muss nur sehr eigenaktiv – und kreativ – sein. Das ist eine wichtige Quintessenz im Studium. Man geht nicht mehr zur Schule und hat einen Lehrer oder eine Lehrerin vor sich, der oder die einem sagt, was man tun und lassen soll. Studium bedeutet sehr eigenorganisiert vorzugehen. Ich muss selbst Verantwortung übernehmen für das, was ich tue, und muss deshalb auch selbst schauen: Wie organisiere ich meinen Wochentag an der Uni, aber auch mein Studienjahr und letztlich wie organisiere ich mein gesamtes Studium.

Es gibt keine einfache und richtige Antwort darauf, weil es immer darauf ankommt, was man später machen will. Ich biete sowohl für den Bachelor- als auch Masterstudiengang Psychologie Lehre an und bin z.B. beteiligt am Auswahlverfahren von Masterstudierenden. Es gibt Universitäten und Hochschulen mit einem Abschlussjahrgang, in dem mehr oder weniger jeder Studierende mit „sehr gut" abschließt. Es gibt aber auch andere Universitäten, da gibt es vielleicht ein oder zwei und die anderen sind wesentlich schlechter. Das macht deutlich, dass die Benotung an den einzelnen Universitäten sehr unterschiedlich ist, also die Benotungspraxis, vielleicht auch der Anspruch und die Anforderungen. 1,0 bedeutet also nicht immer 1,0. Das ist leider meine praktische Erfahrung, auch wenn der Bologna-Reformprozess ja gerade eine Vergleichbarkeit der Abschlüsse erzielen wollte.

> Vom Bachelor zum Master ist die Note natürlich wichtig, denn nur die Besten haben die Möglichkeit, sich an denen von ihnen favorisierten Einrichtungen einen Platz zu sichern. Man muss gut sein in dem, was man macht. Es ist wichtig, sein Studium so zu organisieren, dass man auch wirklich gute Noten schafft. Es gibt immer wieder Situationen, in denen einfach nur die Note zählt.

> Auf der anderen Seite sind in vielen anderen Bereichen, wie bei Personalauswahlverfahren usw., die Noten allein nicht so wichtig, sondern vielmehr bestimmte Skills. Sehr häufig ist es auch bei Auswahlverfahren für das Masterstudium so, dass es noch zusätzliche Bewertungsparameter gibt. Einige Hochschulen machen Auswahlgespräche, andere haben zusätzliche Bewertungskriterien. An der Freien Universität Berlin muss man z.B. im Bachelorstudium genügend Angebote in den Bereichen Gesundheitspsychologie, Diagnostik und Methoden erfolgreich belegt haben. Zusätzliche Punkte kann man durch Tätigkeiten als Studentische Hilfskraft sammeln und hat damit vielleicht trotz einer nicht so optimalen Note eine Chance auf einen Platz. Wenn sich jemand mit einem Abschluss von 1,0 auf eine Arbeitsstelle bewirbt, aber durch sein Verhal-

Praktische
Erfahrungen
vs.
Abschlussnote

ten, Skills und Motivation zeigt, dass er nicht in der Lage ist, den Job so zu machen, wie es gewünscht wird, nützt es nichts, dass er der Beste seines Jahrgangs ist. Die Eignung für einen Job ist nicht immer mit einer Note gleichzusetzen. Am Ende zählt beides. Ich muss natürlich in meinem Studium dafür sorgen, dass ich möglichst gute Noten habe. Abhängig von den eignen Berufszielen gibt es immer auch weitere Möglichkeiten, sich weiterzuentwickeln.

Tipps

Meiner Meinung nach bedeutet Studium, sich sehr eigenorganisiert Wissen anzueignen und zu bilden. Zu diesem Bildungsprozess zählt auch, dass ich sehr viele unterschiedliche Dinge lese und nicht nur das Nötigste. Nur so bekommt man die richtigen Denkanstöße und kann ein Thema wirklich ergründen. Lesen, Denken und Erkenntnisse erarbeiten braucht Zeit, und manchmal müssen dafür andere Bereiche des Lebens zurückstecken.

Weil man individuell bewertet wird, haben viele Studierende das Gefühl, sie müssen als Einzelkämpfer durchs Studium. Das funktioniert aber nicht. Als Studierender muss man sich in Lerngruppen organisieren, in denen man sich gegenseitig Dinge abnimmt. Beispielsweise kann man in Lesezirkeln die Standardliteratur aufteilen, sodass jeder bestimmte Werke eines Autors liest und dann die Anderen über die Inhalte informiert. So kann man mit gegenseitiger Unterstützung eine Menge erreichen.

Außerdem ist Erfahrung sehr wichtig. Nur wer in verschiedene Bereiche schaut, kann viele unterschiedliche Dinge lernen. Man sollte sich im Studium die Möglichkeit geben, viele Erfahrung zu sammeln, Praktika zu machen, in ganz unterschiedliche Kontexte zu gucken. Nicht nur an einer Sache zu kleben, um das Minimale an Anforderungen zu erfüllen. Studium bedeutet: aktiv sein, ausprobieren, Erkenntnisse sammeln und sich (!) bilden. Man wird nicht von den Dozenten „gebildet"!

Die neuen Studiengänge machen es vielen Studierenden nicht einfach und viele Studierende machen zusätzlich einen Nebenjob. Meine Empfehlung an der Stelle ist zu versuchen, nicht in fachfernen Kontexten zu arbeiten, sondern möglichst auch an der Uni bei den Dozenten, in den Arbeitsbereichen oder in anderen praktischen Bereichen, die wirklich sehr eng mit dem Studienthema zu tun haben.

Prof. Dr.-Ing. Mathias Wilichowski

Professor für Umweltverfahrenstechnik
Hochschule Wismar, University of Applied Sciences:
Technology, Business and Design
www.hs-wismar.de

Studium und
Zukunfts-
chancen

Die Verfahrenstechnik ist eine Mischdisziplin aus verschiedenen Naturwissen-schaften. Hauptsächlich finden sich hier Elemente der Chemie und des Ma-schinen- und Anlagenbaus, inzwischen auch der Biotechnologie. An unserer Hochschule wird Verfahrenstechnik als eigenständiger Studiengang angeboten. Allerdings finden viele Veranstaltungen gerade in den ersten Semestern ge-meinsam mit dem Maschinenbau statt. Verfahrenstechnik befasst sich mit der chemischen oder biochemischen Umwandlung von Rohstoffen zu Produkten. Das ist vor allem in der chemischen Industrie, Pharmazie, Kosmetikindustrie, Biotechnologie, aber auch in der Energietechnik notwendig. Dieser Studiengang ist extrem vielseitig, weshalb unsere Absolventen nahezu in jedem Zweig der Industrie gebraucht werden. Der Zusatz „Umwelttechnologie", also technischer Umweltschutz, beinhaltet den Bau von Anlagen, die möglichst umweltscho-nend arbeiten oder zur Reduzierung bereits bestehender Umweltbelastungen beitragen.

Die Verfahrenstechnik ist leider ein eher unbekannter Studiengang, dem-entsprechend sind die Anfängerzahlen moderat. Das hat für die Studierenden allerdings den großen Vorteil, dass in kleineren Kursen intensiver gearbeitet werden kann und unsere Absolventen in der Arbeitswelt stark gefragt sind. Ich glaube, ein Abschluss in allen Ingenieurstudiengängen hat gute Zukunft-schancen, v.a. im Maschinenbau, in der Verfahrens- und Elektrotechnik. Un-sere Studiengänge in diesen Fachrichtungen bereiten unsere Studierenden sehr gut auf die Berufswelt vor. Meiner Erfahrung nach haben die meisten unserer guten Studenten entweder schon einen Arbeitsvertrag in der Tasche, bevor sie ihre Abschlussarbeit abgeben, oder suchen im Höchstfall zwei bis drei Monate nach einem Einstiegsjob. Die meisten Arbeitsplätze für Verfahrenstechnik sind zwar in Bayern, Baden-Württemberg und Nordrhein-Westfalen zu finden, aber auch im Norden gibt es zahlreiche Angebote, z.B. im Bereich der Wasseraufbe-reitung, der Energietechnik und Biotechnologie. Man sollte seine Studienwahl aber generell nicht zu sehr an den Chancen orientieren. Am erfolgreichsten ist man, wenn man etwas studiert, was einem Spaß macht. Nur dann ist man gut darin und findet anschließend auch einen Job.

Es ist definitiv sehr wichtig, sich vor Beginn des Studiums über die Inhalte des Studiengangs zu informieren. Viele Studierende kommen mit einer vor falsche Vorstellung von Verfahrens- und Umwelttechnik an unserer Hochschule. Es han-delt sich um einen ingenieurwissenschaftlichen Studiengang mit Teilbereichen wie Mathematik, Technische Mechanik, Konstruktionstechnik, Chemie, Biolo-gie und Physik. Die Beherrschung der der naturwissenschaftlich-technischen Grundlagen ist Voraussetzung für die studiengangsspezifischen Themenfelder in den höheren Semestern. Man sollte dafür von Anfang an dabei bleiben, Ver-anstaltungen besuchen und kontinuierlich verinnerlichen. Denn wenn man erst einmal den Anschluss verloren hat, ist es schwer, das Versäumte wieder

Vor dem
Studium

aufzuholen. Gerade zu Beginn des Studiums braucht es ein gewisses Maß an Durchhaltevermögen, aber wenn man das Basiswissen verinnerlicht hat, wird es leichter.

Mir fällt auf, dass von den meisten Studierenden Lehrbücher leider nur noch sporadisch genutzt werden, obwohl unsere Bibliothek sehr gut ausgestattet ist. Die Kenntnis der wesentlichen Fachliteratur ist aber essenziell und hilfreich. Natürlich kann das Internet auch eine gute Quelle sein, aber man sollte schon Seiten mit vertrauenswürdigen Informationen nutzen. Die Suchmaschine https://scholar.google.de/ hilft beispielsweise beim Finden der richtigen Fachpublikationen in verschiedenen Bereichen.

Außerdem halte ich es für sehr produktiv, in Lerngruppen zu arbeiten: Hausaufgaben gemeinsam zu lösen und auch Hausarbeiten in Gruppen anzufertigen. Meiner Erfahrung nach erkennt man die eigenen Lücken erst dann, wenn man den Lernstoff jemandem anderen erklären muss. Bei Problemen in bestimmten Fächern sollte man nicht zögern, die Professoren und Dozenten in ihren Sprechstunden aufzusuchen, denn in diesem Rahmen kann man eigene Fragen klären und auch Hinweise für Prüfungen bekommen.

Praktische Erfahrungen vs. Abschlussnote

Wir bieten an unserer Hochschule auch einen dualen Ausbildungsstudiengang Maschinenbau an. Er ermöglicht eine Kombination von gewerblicher Ausbildung (Facharbeiterbrief, Gesellenbrief), also einer Lehre mit einem Hochschulstudium. Im ersten Jahr arbeiten die Studierenden als Lehrlinge im Betrieb, kommen im zweiten Jahr an die Hochschule und beginnen ihr Maschinenbaustudium. In den Semesterferien arbeiten sie im Betrieb und absolvieren parallel ihre Prüfungen in ihrem Ausbildungsberuf. Wir stellen immer wieder fest, dass die dualen Studierenden häufig sehr gute Studienleistungen zeigen. Das kontinuierliche „Dranbleiben" trägt offenbar sehr zum Lernerfolg bei.

Für die Studenten, die sich ihren Lebensunterhalt mit Nebenjobs finanzieren müssen, ist es durchaus ratsam, sich etwas zu suchen, das inhaltlich studiumsnah ist. Die meisten Studierenden haben nicht zu wenig Zeit, sondern einfach ein ineffizientes Zeitmanagement. Im Idealfall sollte man am Ende des Studiums beides vorweisen können – eine gute Abschlussnote und erste praktische Erfahrungen. Im Bewerbungsverfahren wird ja meist zuerst der Lebenslauf angesehen, also die Abschlussnote und Informationen darüber, was der Kandidat neben seinem Studium gemacht hat. Eine gute Note fängt zunächst die Aufmerksamkeit und wenn dann noch praktische Erfahrungen vorhanden sind, hat man gute Chancen, zu einem Bewerbungsgespräch eingeladen zu werden. Ein Tipp: Die Abschlussnote des Studiums sollte besser sein als die Abiturnote.

Tipps

Ich rate unseren Studenten, sich für den Berufseinstieg regelmäßig in den VDI (Verein Deutscher Ingenieure)-Nachrichten (http://www.vdi-nachrichten.com) zu informieren. Unter der Rubrik „Management und Karriere" hat man Zugang zu Informationen rund um das Arbeitsumfeld als Ingenieur. Man bekommt Bewerbungstipps und Hilfe im Fall vieler Absagen.

Ein Auslandssemester ist auch immer von Vorteil, selbst wenn die Zeit in den neuen Bachelor- und Master-Studiengängen dafür recht knapp ist. Für unsere Studenten bietet sich ein Auslandsaufenthalt vor allem im Bachelor-Studiengang für die Anfertigung der Abschlussarbeit an.

Kontinuität beim Lernen ist wichtig, genauso wie das sichere Beherrschen der Muttersprache in Orthographie und Interpunktion. Selbst in einem technischen Beruf muss man mit der deutschen Sprache fehlerfrei umgehen können. Gerade in schriftlichen Ausarbeitungen wird erwartet, dass man nicht nur inhaltlich das Wesentliche beschreibt, sondern auch in der Lage ist, seine Ergebnisse in einer ansprechenden Form zu präsentieren.

Prof. Philipp Krebs

Professor für Baukonstruktionslehre und energieeffizientes Bauen
Fachhochschule Erfurt
www.fh-erfurt.de/arc/krebs

Zum Studium

Ich bin fest davon überzeugt, dass der Master als qualifizierter Studienabschluss an der FH Erfurt große Zukunftschancen hat. Wir beschäftigen uns mit allen aktuellen Fragen des Bauens, nicht nur mit dem Neubau, sondern auch insbesondere dem Bauen im Bestand. Der Großteil der Gebäude in Europa steht ja schon, und mit diesem kulturellen und technischen Erbe müssen wir uns verantwortungsvoll auseinandersetzen. Diese berufsrelevanten Aufgaben entwickeln wir an unserer Fakultät mit einem hohen Qualitätsanspruch und einem umfassenden kulturellem Bewusstsein weiter.

Zukunfts-chancen

Ich glaube, dass das Bauen eine große Zukunftschance hat, weil es wertbeständiger ist als beispielsweise Finanzspekulationen. Die Investition in Gebautes ist nachhaltig und es wird in diesem Bereich der Wertschöpfung auch zukünftig sehr viel zu tun geben.

Natürlich brauchen wir Leute, die technisch gut ausgebildet sind, damit keine Baumängel entstehen, Termine eingehalten werden und die Kosten im gesteckten Rahmen bleiben. Aber es sind auch Absolventinnen und Absolventen gefragt, die über den Tellerrand schauen und sich der kulturellen Dimension des Bauens bewusst sind. Im Studium geht es darum, den angehenden Architekten und Architektinnen zu vermitteln, dass nicht nur die Befindlichkeiten des Bauherren also des Auftraggebers relevant sind, sondern dass jeder Auftrag auch ein Beitrag zur Gesellschaft ist. Es bestehen in jeder Kultur bestimmte Konventionen, mit denen wir uns bewusst auseinandersetzen sollten: bestimmte Maße, Materialien und Formen. Dadurch entsteht ein Ensemble von Gebautem, das dann wieder in den Städten diese tollen Stadträume, also Straßen, Gassen und Plätze erzeugt. Zu diesem Bewusstsein führen wir unsere Studierenden hin, damit sie nicht nur überlegen was funktioniert, sondern auch: In welchem Kontext baue ich eigentlich?

Vor dem Studium

Ich würde den neuen Studenten raten, neugierig und offen zu sein und wirklich in das Fach einzutauchen. Unser Studiengang hat etwas mit Leidenschaft und Fleiß zu tun, und das braucht Zeit und Willen. Ähnlich wie beim Sport und der Musik kann man nur mit viel Übung auf einem ganz anderen Niveau arbeiten. Das versuchen wir unseren Studierenden von Anfang an näher zu bringen. Es ist ein großer Vorteil, wenn Studierende gerade am Anfang sich viel umsehen, und nicht nur im Internet, sondern z.B. auch real auf den Baustellen.

Praktische Erfahrungen vs. Abschlussnote

Praktika während des Studiums würde ich auf jeden Fall empfehlen. Bei uns an der Hochschule ist das im Curriculum integriert. Wir haben ein Semester für ein Praktikum eingeplant und das hat ganz positive Auswirkungen auf die Ergebnisse im Studium. Die Leute wachsen und reifen daran. An der Hochschule haben wir junge Menschen, die eigenverantwortlich handeln und ein Fach selbstständig erlernen. Die Dozenten und Professoren sind weniger die Lehrer bzw. Verkündiger von dem, was funktioniert und was nicht. Sie vermitteln, wie man sich orientiert und seinen eigenen Weg findet. Dabei hilft ein Praktikum unheimlich, weil man in die tatsächliche Berufswirklichkeit eintauchen kann. Also ist weder das Baustellen- noch das Büropraktikum von Nachteil für die Studienergebnisse. Die Abschlussnote ist für den erfolgreichen Berufseinstieg meiner Meinung nach nicht so wichtig. Natürlich ist sie ein Indikator, aber eben einer unter vielen. Ein Berufseinstieg ist auch davon abhängig, wie gut man Ergebnisse, die im Studium erlernt wurden, präsentieren kann. Wie gut kann man sie darstellen, sind sie kohärent, haben sie Substanz. Kommunikation ist ebenfalls sehr wichtig, sodass man Dinge, die man gedanklich erarbeitet hat, auch mitteilen kann, in der Lage ist zuhören und Probleme zu erfassen. Wir versuchen hier Leute nicht für die Berufswelt leistungsorientiert abzurichten, sondern wir wollen, dass sie auch nachdenken über das, was sie tun: Dinge hinterfragen und gegebenenfalls auch mal dem Chef oder Auftraggeber widersprechen und Grenzen aufzeigen.

Auf das Berufsleben kann man sich als Student also vor allem gut durch Praktika Tipps vorbereiten. Aber auch ein Auslandssemester ist von Vorteil. Das hab ich selbst in meiner Studienzeit gemacht, und darum versuche ich heute die Studenten immer auch dahingehend zu unterstützen, durch Beratung und Stipendien. Insgesamt halte ich es für wichtig zu verstehen, dass die Hochschule kein Raum mehr ist, in dem frontal unterrichtet wird. Sie bietet die Möglichkeit, das Fach weiterzuentwickeln. Wir führen hier auch Forschungsprojekte durch und legen die Messlatte immer noch ein Stück höher. Außerdem geht es auch um Ethik. Das, was ich tue, muss ich auch im Gesamtzusammenhang beurteilen und bewerten. Gibt es zum Beispiel Dinge, die heute in der Praxis noch nicht optimal laufen und die man in der Zukunft verbessern sollte? Hier an der Hochschule besteht die Möglichkeit, die angehenden Architekten und Architektinnen so zu prägen, dass sie selbstkritisch sind und verantwortungsvoll handeln.

Erinnert ihr euch noch an das Gefühl am Anfang des Studiums? Die Unsicherheit, die Versagensangst, der angeklebte Pony... und seht euch jetzt an! Ihr habt es geschafft. Ihr habt Referate gehalten, Klausuren geschrieben, mündliche Prüfungen überstanden

Nehmt Euch den Moment und seid stolz auf euch. Ihr habt all das hinter euch gebracht, was euch mal verunsichert hat. Und ganz egal, wie erfolgreich das Ganze war: Ihr habt euch der Sache gestellt und das ist, was zählt! Auch wenn der neue Abschnitt, das Leben nach dem Studium, wieder unheimlich beängstigend ist, müsst ihr auch hier nichts anderes tun als im Studium. Das Leben, das wir uns alle wünschen, fängt hinter der Angst an. Stellt euch den Dingen, die euch kalte Hände bescheren, und lauft nicht vor ihnen weg. Überwindet euch und lasst euch niemals erzählen, dass ihr etwas nicht könnt.

Das Leben nach dem Studium ist für uns alle so einschüchternd, weil es keine Anleitung mehr gibt. Niemand sagt einem, wann man in welchem Raum sein soll und bis wann man was gelernt haben muss. Ich kann euch keinen roten Faden geben, der für jeden von euch funktionieren wird. Wir müssen alle unseren eigenen Weg finden und das ist nicht nur beängstigend, sondern auch fantastisch. Ihr könnt jetzt da raus gehen, die Welt erobern und euch selbst beweisen, dass ihr es könnt. Manchmal fällt man auf die Nase und muss sich eingestehen, dass etwas nicht funktioniert hat. Aber Niederlagen bringen einem so viel über sich selbst und das Leben bei und lassen einen wachsen. Ich habe es inzwischen geschafft und stehe mit beiden Beinen im Berufsleben. Und ganz ehrlich: Wenn ich das kann, könnt ihr das auch!

Nehmt euch den Moment und seid stolz auf euch.

Und jetzt?

Der Fünfjahresplan

Am Ende des Studiums stellen sich die Meisten von uns die Frage: „Und was jetzt?" Ich habe für mich erkannt, dass auch für das Leben eine Art Plan sehr hilfreich sein kann. Halt! Nicht wegblättern! Ich weiß, das klingt seltsam und vielleicht nach Überplanung, aber gebt dem Ganzen eine Chance. Wir haben so viele Möglichkeiten unser Leben zu gestalten und das ist Fluch und Segen zugleich. Viele Wege bedeuten Freiheit, aber gleichzeitig den Druck, sich für das Richtige zu entscheiden. Wahrscheinlich bleiben deshalb viele von uns einfach in ihrer kleinen Box, weil es weniger gruselig ist. Wenn man sich selbst aber erlaubt, einen Entwurf im Kopf zu machen, wie das eigene Leben aussehen soll, ist man plötzlich viel fokussierter, motivierter und erreicht am Ende Dinge, von denen man nicht wusste, dass man sie überhaupt erreichen kann. Jeder von uns plant regelmäßig seine nahe Zukunft, bewusst und unbewusst. Was muss ich heute Abend in die Tasche packen, weil ich es morgen brauche? Was esse ich heute zum Mittag? Wir haben ungefähr im Kopf, was als nächstes zu tun ist oder ansteht. Aber diese kurzen Zeiträume reichen nicht aus, um große Ziele zu realisieren. Es passiert so schnell, dass man vor allem Dinge tut, die von einem erwartet werden, und nur noch stur abarbeitet, ohne zu wissen wofür eigentlich, aber ein Lebensplan klingt nicht nach etwas leichtem, flexiblem. Deshalb hab ich mir am Ende des Studiums einen Fünfjahresplan gemacht. Fünf Jahre sind ein langer Zeitraum, der genug Platz für größere Ziele und Träume lässt. Er schenkt einem viel Entscheidungsspielraum und man hat exakt 1.825 Tage Zeit, um aus seiner Box zu krabbeln und sich auszuprobieren. Ich habe so gelernt, meine Zeit besser zu nutzen, weil ich wusste, wofür ich arbeite, und selbst schwierige Entscheidungen fielen mir plötzlich leichter, weil ich im Hinterkopf das große Ganze hatte.

Träumen

Der erste Schritt ist, Träume zu zulassen. Wir haben alle gelernt, dass man realistisch sein muss und dass es Dinge im Leben gibt, die einfach nicht möglich sind. Das stimmt aber nur zum Teil. Wir sollten nicht vergessen, dass Ziele, die wir für unmöglich halten, für andere möglich sind. Das liegt vor allem daran, dass sie sie im Kopf zulassen. Wenn jeder immer gleich denken würde, „ach, das ist sowieso nicht möglich", würde wir Menschen heute noch in Höhlen wohnen, und soetwas wie das Internet würde nicht existieren. Obwohl ich sicher bin, dass es in meiner Höhle definitiv eine Kaffeemaschine geben würde. Nur

Welche Träume sind Dir wichtig?

In 20 Jahren
wirst du
enttäuschter sein
über die Dinge,
die du nicht getan
hast, als über
jene, die du getan
hast.

Mark Twain

wenn ihr euch erlaubt, eine Vorstellung von etwas Größerem zu haben, könnt ihr mehr erreichen. Nehmt euch einen kleinen Moment Zeit, sucht euch einen ruhigen Ort, schließt die Augen und versucht mal ohne Einschränkungen im Kopf ein Bild von eurem Traumleben zu zeichnen. Wenn alles möglich ist, wie sähe euer Leben aus? Womit füllt ihr euren Tag? In welchem Land, in welcher Stadt lebt ihr? Womit verdient ihr Geld? Was für Menschen umgeben euch und was sind eure Hobbies?

Ihr könnt bei dieser Vorstellung so präzise oder so schwammig bleiben wie ihr wollt. Hauptsache ist, dass das Bild, was ihr im Kopf zeichnet, euch glücklich macht. Versucht es unabhängig davon entstehen zu lassen, was andere dazu sagen würden. Euer Traumbild ist etwas sehr persönliches, und wenn ihr es nicht unbedingt wollt, müsst ihr es mit niemandem teilen. Meinen Fünfjahresplan hat bis heute niemand außer mir selbst gesehen. Sobald der Gedanke aufkommt, „oh ja, das wäre schön," ist es die richtige Richtung. Selbst wenn der Gedanke noch ganz leise und schüchtern ist.

Was würdet ihr davon halten, wenn ich euch sage, dass dieses Traumbild, was ihr gerade im Kopf entstehen lassen habt, erreichbar ist? Ich will euch nichts vormachen – es wird nur mit viel Arbeit, Organisationen und manchmal mit ein bisschen Glück möglich sein, aber so oder so ähnlich könnte eure Zukunft in fünf Jahren aussehen. Klingt gut? Dann weiterlesen!

Ein Stück mehr Realität

Im nächsten Schritt müssen wir unsere Träume in die Realität holen. Versuch dabei ein bisschen darauf zu achten, dass eure Träume erreichbar aber nicht zu tief gestapelt sind. Vorhaben wie Die Weltherrschaft an sich reißen oder jeden Tag drei Tonnen Lakritz essen und niemals dabei zunehmen sind nicht wirklich realisierbar. Glaubt mir, denn Letzteres hab ich schon ausprobiert und bin gescheitert. Traut euch aber auch größere Ziele zu, denn die lassen einen am Ende mehr erreichen. Sucht in eurem Traumbild die Eckpunkte, die sich gut beschreiben lassen. Das könnte zum Beispiel sein: Haus mit Garten, Radiomoderator, Reise nach Afrika, Marathon laufen. Ihr könnt diesen Schritt natürlich im Kopf machen, aber leichter ist es, sich einfach ein Blatt Papier zu nehmen und diese Eckpunkte als Sätze zu formulieren. Wichtig ist dabei nur, dass ihr aktiv, im Präsens und ohne Konjunktiv schreibt. Schreibt also nicht „es wäre schön in einem Haus mit Garten zu leben", sondern eher „ich lebe in einem Haus mit Garten".

Diese Liste ist dann eure Grundlage für den Fünfjahresplan.

Brainstorming

Jetzt nehmt ihr euch jedes eurer Ziele einzeln vor und versucht, Wege und Möglichkeiten aufzuschreiben, wie sie erreichbar sind. Versucht nach unterschiedlichen Wegen zu suchen, denn je mehr ihr darüber nachdenkt, desto konkreter wird dieses Ziel in eurem Kopf. Dieser Schritt wird euch ein bisschen mehr Zeit kosten. Zum Vergleich: Ich habe für diesen Schritt ungefähr eine Woche gebraucht. Wenn man am Ende auf seine Liste guckt, sieht man sehr schnell, welche Wege und Möglichkeiten einem mehr zusagen als andere. Wenn dieser Schritt geschafft ist, können wir uns an die eigentliche Planung machen. Whuhu!

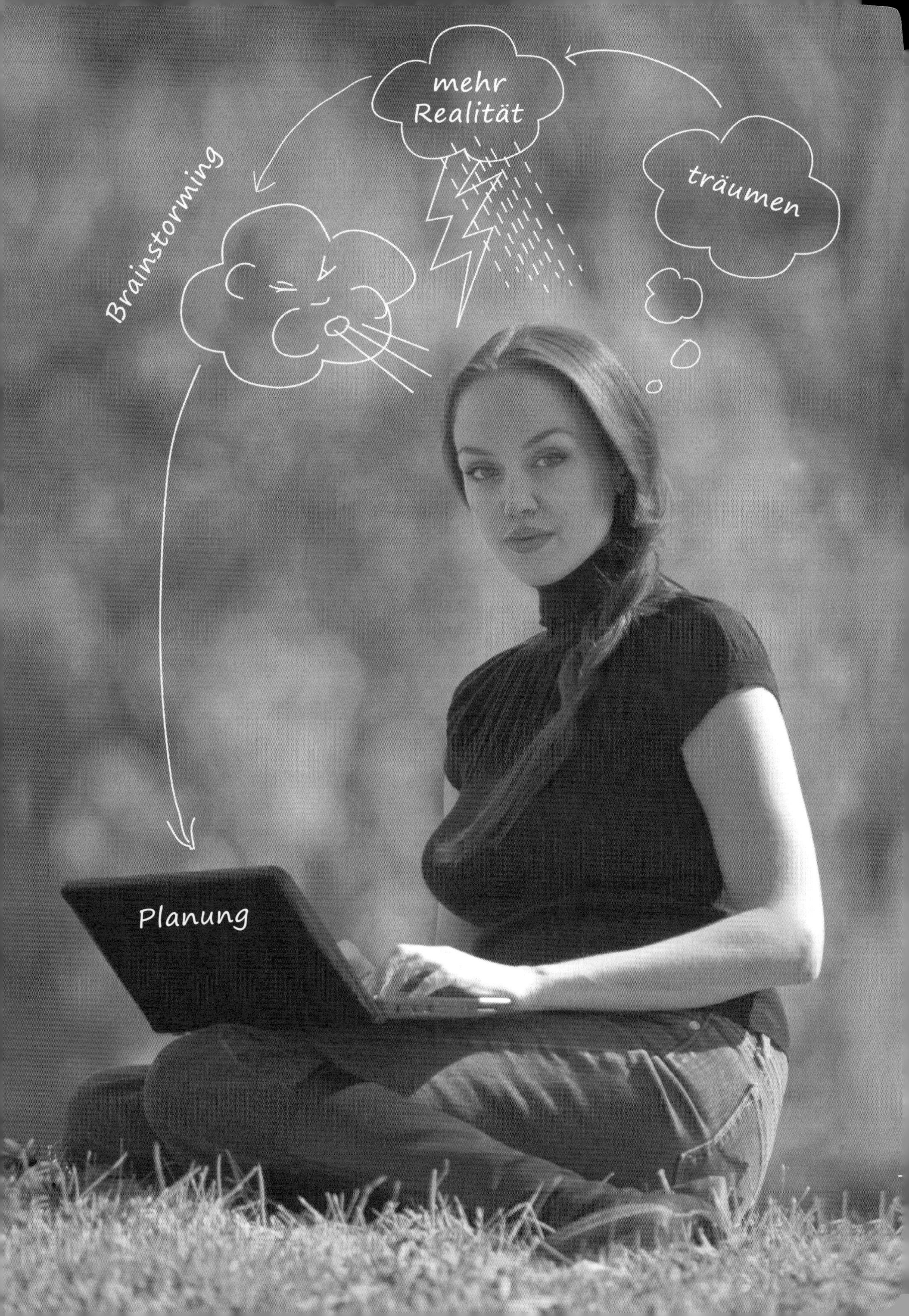
mehr Realität
träumen
Brainstorming
Planung

Planung

Nehmen wir mal an, ihr erstellt diesen Fünfjahresplan am 01.01.2016. Dann würde euer erstes Jahr bis zum 01.01.2017 gehen. Schreibt euch untereinander die Daten der nächsten fünf Jahre und tragt eure formulierten Ziele schon mal beim 01.01.2021 ein, denn bis dahin habt ihr sie erreicht. Gutes Gefühl? Finde ich auch. Das Prinzip, dass wir jetzt anwenden, kennt ihr schon von den Lern- und Schreibplänen. Wir gehen rückwärts vor. Ihr überlegt euch für jedes einzelne Ziel, was ihr im Jahr vor dem Erreichen (in unserem Fall ab dem 01.01.2020) gemacht und erreicht habt. Ihr teilt also eure einzelnen Ziele jeweils in fünf große Schritte und verteilt sie auf die fünf Jahre.

Damit habt ihr einen Überblick darüber, welche großen Ziele ihr in den nächsten fünf Jahren erreichen wollt. Um es euch noch ein bisschen leichter zu machen, könnt ihr das aktuelle erste Jahr genauer unter die Lupe nehmen. Nehmt euch das erste große Ziel für dieses Jahr und teilt es auf die zwölf Monate auf. Welche zwölf Teilschritte braucht ihr, um das Jahresziel zu erreichen? Damit habt ihr dann jeden Monat ein kleineres Ziel. Versucht dabei Dinge wie Abgabetermine, Bewerbungsfristen, besondere Ereignisse und Jahreszeiten zu beachten, denn manchmal sind die Dinge an verschiedene Umstände gebunden. Um es anschließend noch entspannter zu machen, könnt ihr eure Monatsziele auf vier Wochen unterbrechen und dann auf einzelne Tage, und könnt so konkret sehen, was ihr heute machen müsst, um euren großen Ziel am Ende einen Schritt näher zu kommen. Die anderen vier Jahre könnt ihr erst mal grob formuliert lassen, denn manchmal ist man schneller, manchmal langsamer und manchmal wandeln und ändern sich Wünsche und Ziele im Laufe der Zeit. Immer dann, wenn das aktuelle Jahr dem Ende zugeht, könnt ihr euch der Planung für das kommende Jahr widmen und seht dabei genau, was ihr schon geschafft habt und was als nächstes zu tun ist. Auf diese Weise habt ihr zwar eine etwas genauere Planung für das kommende Jahr, bleibt aber insgesamt flexibel.

Ich gebe zu, dieser Fünfjahresplan kostet Zeit, Schreibarbeit und viele Gedanken, aber es lohnt sich. Gerade in Phasen, in denen es einem schwer fällt sich aufzuraffen, kann man sich so sehr gut daran erinnern, warum man morgens aufsteht, und sich immer wieder auch Dingen widmet, die anstrengend sind und keinen Spaß machen. Für mich ist dieser Plan der Inbegriff der Motivation und ich hoffe, er wird es auch für euch. Er rückt definitiv das irgendwann in die Gegenwart und hilft einem, nicht aus den Augen zu verlieren, was man sich vom Leben wünscht.

Wenn ihr euch genug Zeit beim Planen nehmt und ehrlich zu euch seid, kann er euer Kompass durchs Leben sein. Klingt nach Hippiegerede. Ist es vielleicht auch.

Checklisten &
Kopiervorlagen

Aller Materialien
zu diesem Buch
sind auch im
Download-Bereich
der Homepage
www.organisella.de
zu finden.

Checkliste – Umzug

4-6 Wochen vor dem Umzug

- ☐ Vertragssituationen klären
- ☐ Kann man den Vertrag mitnehmen? Wenn nicht, dann schriftlich per Einschreiben kündigen
  - ○ Stromanbieter
  - ○ Kabelfernsehen
  - ○ Telefon
  - ○ Internet
- ☐ Nachsendeauftrag bei der Post einrichten
- ☐ Umzugsauto mieten bzw. Umzugsunternehmen beauftragen
- ☐ Helfern Bescheid sagen
- ☐ Sperrmüll bestellen

2 Wochen vor dem Umzug

- ☐ ausgeliehene Dinge zurückgeben (Freunde, Bibliothek, Videothek usw.)
- ☐ Kinderbetreuung bzw. Tierunterkunft organisieren für den Umzugstag
- ☐ Umzugskartons besorgen

1 Woche vor dem Umzug

- ☐ Neue Adresse per Mail verschicken
- ☐ Versorgung der Helfer klären
- ☐ Umzugskoffer bzw. -rucksack packen
  - ○ Portemonnaie
  - ○ Schlüssel
  - ○ Handy
  - ○ Laptop
  - ○ Kamera
  - ○ Ladegeräte
  - ○ Klamotten für die ersten Tage
  - ○ sonstige Wertgegenstände
  - ○ Erste Hilfe Kasten
- ☐ Geld abheben

allgemeine Tipps

- ☐ Kartons mit Büchern nur halb füllen oder spezielle Bücherkartons besorgen
- ☐ Bevor etwas im Karton landet, prüfen, ob es notwendig ist
  - ○ Aussortieren
  - ○ Verkaufen (Ebay Kleinanzeigen, Momox für Bücher)
  - ○ Sperrmüll
- ☐ Wohnungsplan von der neuen Wohnung machen
  - ○ A4-Blatt pro Raum
  - ○ Möbel ausmessen, aufzeichnen und ausschneiden
- ☐ Kartons beschriften (Zimmern zuordnen, Inhalt)

Semestertermine

Deadline	Kurs	Aufgabe (Referat, Buch lesen etc.)

	Montag	Dienstag	Mittwoch	Donnerstag	Freitag	Samstag	Sonntag
7 Uhr							
8 Uhr							
9 Uhr							
10 Uhr							
11 Uhr							
12 Uhr							
13 Uhr							
14 Uhr							
15 Uhr							
16 Uhr							
17 Uhr							
18 Uhr							

DU SCHAFFST DAS!

Lernplan

für _____   Prüfungstermin _____

Themengebiet	Deadline
	_____ Wochen vor der Prüfung
	_____ Wochen vor der Prüfung
	_____ Wochen vor der Prüfung
	_____ Wochen vor der Prüfung
	_____ Wochen vor der Prüfung
	3 Wochen vor der Prüfung
	2 Wochen vor der Prüfung
Zeitpuffer	1 Woche vor der Prüfung

Pomodoro-Technik

Aufgabe:	25 Minuten

Pause	5 Minuten
Aufgabe:	25 Minuten

Pause	5 Minuten
Aufgabe:	25 Minuten

Pause	5 Minuten
Aufgabe:	25 Minuten

Pause	15-20 Minuten
	(evtl. erneuter Beginn in der ersten Zeile)

Hausarbeit (Muster-Titelseite)

Hochschule/Universität
Winter- oder Sommersemester Jahr
Modul: Richtig gute Hausarbeiten schreiben
Seminar: Richtig gute Hausarbeiten schreiben
Seminarleiter: Prof. Dr. Abcdefghi

01.02.2345

Titel der Arbeit

Vorname, Nachname   Matrikelnummer: 12345678

Straße Hausnummer
Postleitzahl Stadt

emialadresse@emailadresse.com   1. Fachsemester

Meine Ziele für das Studium

_____

_____

_____

_____

_____

_____

_____

_____

_____

_____

_____

_____

_____

_____

_____

_____

_____

_____

_____

_____

_____

_____

Meine Vorsätze für das neue Semester

Ich überwinde mich

_____

_____

_____

_____

Ich lerne, wie

_____

_____

_____

_____

Ich verstehe, warum

_____

_____

_____

_____

Ich akzeptiere, dass

_____

_____

_____

_____

Ich bin stolz auf mich, weil

_____

_____

_____

_____

Notizen

Motivation

Meine Ziele im Leben:

_____

_____

_____

_____

Mein Traumjob:

_____

_____

_____

_____

Die zehn Schritte zu meinem Traumjob:

_____

_____

_____

_____

Mit welchen Menschen ich mich umgebe:

_____

_____

_____

_____

Menschen, die mich inspirieren und warum sie das tun:

_____

_____

_____

_____

Was ich über das Leben lernen möchte:

_____

_____

_____

_____

Was ich über mich lernen möchte:

_____

_____

_____

_____

Was ich an mir schätze:

_____

_____

_____

_____

Welche Dinge ich in diesem Jahr tun werde, um meinen Zielen
näher zu kommen:

_____

_____

_____

_____

_____

_____

_____

_____

_____

Checkliste für das neue Semester

Literatur	Veranstaltung	Preis	Deadline

Sonstige notwendige Dinge	Wo	Preis

Datum	Termin/Aufgabe	Nicht vergessen

Pause!

Checkliste: Sonntagsvorbereitung

- ☐ Arbeitsplatz aufräumen
  - Kleinkram an seinen Platz legen
  - Mitschriften und Unterlagen einheften
  - Tisch abwischen
  - ggf. Pflanzen am Arbeitsplatz wässern

- ☐ gemütlich machen
  - angenehme Musik
  - ruhiger, heller Ort
  - Tee, Kaffee, Kakao o.ä.

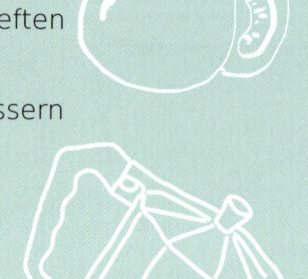

- ☐ Planungszubehör zurechtlegen
  - To-Do-Listen
  - Kalender
  - Stifte, Lineal, Klebezettel usw.

- ☐ Kalender ausfüllen
  - feste Termine eintragen
  - Aufgaben und Ziele für die neue Woche formulieren
  - Pausen einplanen
  - Aufgaben gleichmäßig auf die Tage und die verfügbare Zeit verteilen

- ☐ eine Woche später wiederholen

Checkliste: Referat

- [ ] Thema überlegen
- [ ] Gespräch mit dem Dozenten
  - Thema bestätigen lassen
  - Thema genauer abstecken
  - notwendige Literatur erfragen
- [ ] Arbeitsteilung
  - einzelne Themengebiete gerecht auf die Referenten verteilen
  - Termin für das nächste Treffen machen
- [ ] Referatsgruppentreffen
  - Informationen vergleichen, um Dopplungen zu vermeiden
  - roter Faden vorhanden
  - zur Verfügung stellen von notwendiger Literatur für andere Seminarteilnehmer
- [ ] Präsentationsmittel überlegen
  - Arbeitsblatt?, Präsentation?, Folien?, Videoausschnitte?, Musik?
  - Wer erstellt diese und bis wann?
- [ ] Generalprobe
  - Referat gemeinsam durchsprechen
  - Übergänge professionell gestalten
  - Präsentationsmittel testen
- [ ] wichtig
  - gerade und entspannt stehen
  - Stichpunkte auf Karteikarten
  - lauten und deutlich für die letzte Reihe sprechen

Lernplan
für _____

Themengebiet	Deadline
	_____ Wochen vor der Prüfung
	_____ Wochen vor der Prüfung
	_____ Wochen vor der Prüfung
	_____ Wochen vor der Prüfung
	_____ Wochen vor der Prüfung
	3 Wochen vor der Prüfung
	2 Wochen vor der Prüfung
	1 Woche vor der Prüfung

Checkliste: Hausarbeiten

Vorbereitung

- ☐ Miniliteraturrecherche (Bibliothek, Internet)
- ☐ Entscheidung für ein passendes Thema
- ☐ mögliche Fragestellungen überlegen
- ☐ Suche nach den zu untersuchenden Teilbereichen
- ☐ Gespräch mit dem Dozenten
  - Thema, Fragestellung und Teilbereiche bestätigen lassen
  - genaue Eingrenzung
  - notwendige Literatur erfragen

Stoffsammlung

- ☐ Literaturrecherche nach wichtigen Informationen und weiterführenden Gedanken
- ☐ zu jeder Information die dazugehörige Literaturangabe festhalten (Kopfzeile)

Aufbau

- ☐ Deckblatt
  - Titel der Arbeit
  - Name der Hochschule, der Veranstaltung, des Dozenten
  - aktuelles Semester
  - (Sommer- oder Wintersemester welches Jahres)
  - Name, Matrikelnummer, Adresse, Semester
  - Abgabedatum
- ☐ Inhaltsverzeichnis
  - Kapitel und Unterkapitel mit korrekten Seitenzahlen
- ☐ ggf. Abkürzungsverzeichnis

- ☐ Einleitung
  - Einführung in das Thema
  - Vorstellung der Fragestellung
  - aktueller Forschungsstand
- ☐ Hauptteil
  - grundlegende Informationen und Definitionen
  - Vorgehen und die Ergebnisse beschreiben
  - Bogen zur anfänglichen Fragestellung
- ☐ Fazit
  - Zusammenfassung der wesentlichen Punkte
  - Bewertung der Erkenntnisse
  - neue Fragen
- ☐ Literaturverzeichnis
- ☐ ggf. Anhänge
  - Grafiken
  - Bilder
  - Tabellen
  - Texte
  - Protokolle
  - Fragebögen

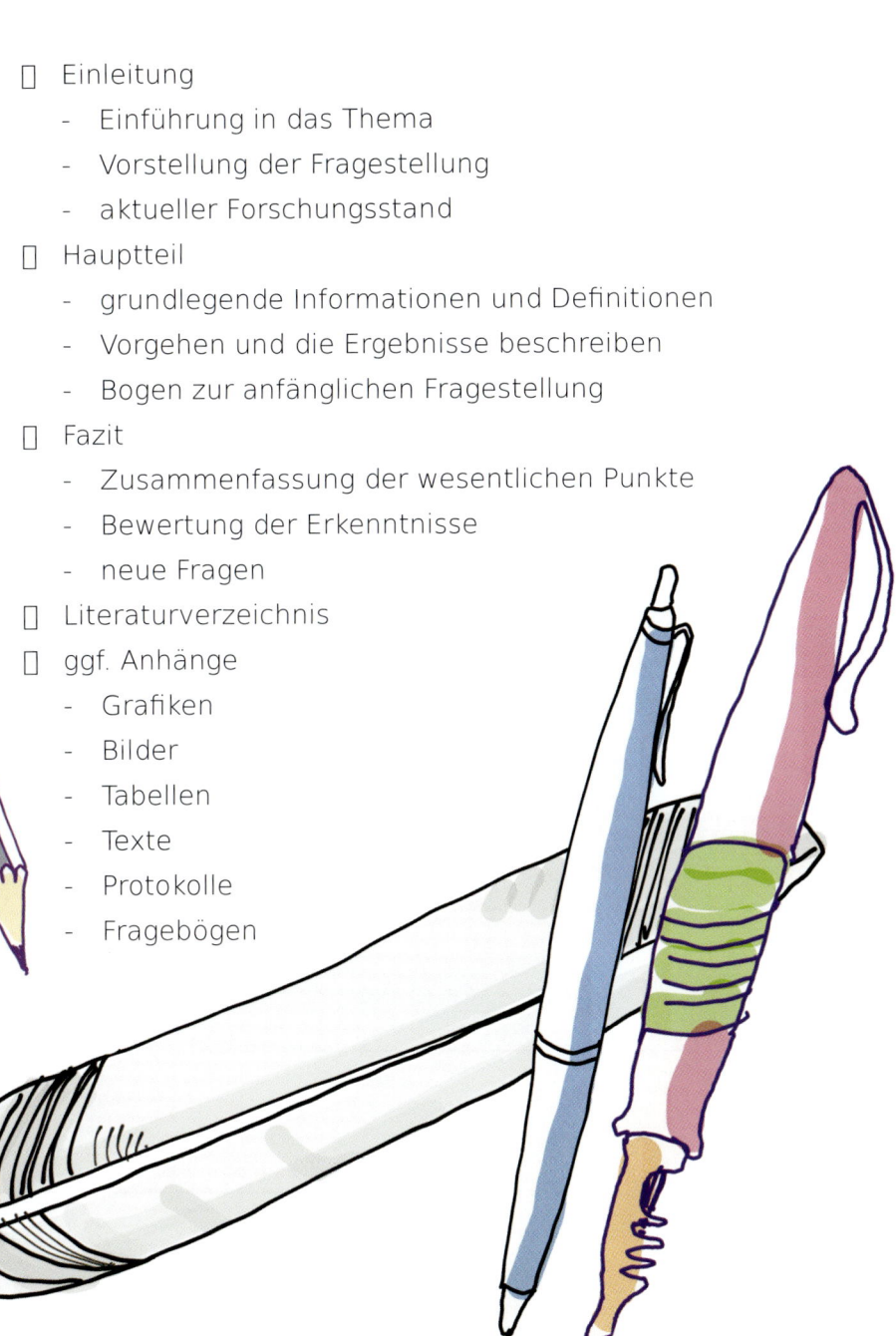

Schreibplan
für _____

Recherche oder Ausformulieren von	Deadline
	Wochen vor Abgabe
	Wochen vor Abgabe
	Wochen vor Abgabe
	Wochen vor Abgabe
	Wochen vor Abgabe
	Wochen vor Abgabe
	Wochen vor Abgabe
	Woche vor Abgabe

Beilage zu
Ella TheBee • Organisella
Durchs Studium mit Zeitmanagement und Organisation
www.nr-verlag.de/nr522